跨文化交际视角下的
英语翻译方法研究

周智慧　著

延边大学出版社

图书在版编目（CIP）数据

跨文化交际视角下的英语翻译方法研究 / 周智慧著
. -- 延吉 ： 延边大学出版社，2022.8
ISBN 978-7-230-03750-1

Ⅰ. ①跨… Ⅱ. ①周… Ⅲ. ①英语－翻译－方法研究
Ⅳ. ①H315.9

中国版本图书馆CIP数据核字(2022)第155938号

跨文化交际视角下的英语翻译方法研究

著　　者：周智慧
责任编辑：乔双莹
封面设计：金世达
出版发行：延边大学出版社
社　　址：吉林省延吉市公园路977号　　　　邮　　编：133002
网　　址：http://www.ydcbs.com　　　　E-mail：ydcbs@ydcbs.com
电　　话：0433-2732435　　　　传　　真：0433-2732434
印　　刷：天津市天玺印务有限公司
开　　本：710×1000　1/16
印　　张：12
字　　数：200 千字
版　　次：2022 年 8 月 第 1 版
印　　次：2024 年 3 月 第 2 次印刷
书　　号：ISBN 978-7-230-03750-1

定价：68.00 元

前　言

语言是文化的产物，又是文化的载体。一个人不可能在学习一种语言的同时不学习其相关的文化。语言教学就是文化教学，学习和使用语言的过程，也是一个跨文化交际的过程。中西方在思维和表达方式上的不同，导致很多学生在翻译时常出现一些问题。不管采取何种方式处理这些翻译中的问题，都要先培养跨文化意识。

语言是文化的载体，更是文化的重要组成部分，文化要通过语言来交流和传承，语言只能依附于某种特定的文化而存在。在对语言与文化二者关系的研究过程中逐渐产生了一门新的学科——跨文化交际学。讨论翻译必须探讨语言与文化的关系，必须研究不同文化之间的差异。既然任何语言文本都不可能脱离文化背景而存在，那么翻译必然不仅和语言有关，也和文化有关。从本质上看，翻译是以一种语言为载体的文化内涵转换为另一种文化形式的广义的文化翻译。因此，翻译可以被视为一种跨文化交际的行为，是不同国度、不同种族或不同文化背景下的人们进行交流与交往的渠道。

在本书的撰写过程中，笔者参阅了大量的文献资料，得到了亲朋好友的鼎力相助，在此一并表示衷心的感谢。由于作者水平有限，书中难免有疏漏之处，恳请广大读者批评指正。

周智慧

2022 年 6 月

目　　录

第一章　跨文化交际与英语翻译

第一节　跨文化交际概述

一、跨文化交际的定义

随着对跨文化交际研究的深入，人们给跨文化交际所下的定义也各有侧重，主要是从社会学和文化学的角度来定义的，例如：跨文化交际是指拥有不同文化观念和符号系统的人们之间的交际；跨文化交际是指具有不同文化背景的人们之间所进行的思想和信息交流的活动。

跨文化交际是来自不同文化背景的人们运用符号来创设含义和对创设的含义进行解读的互动交流过程。当文化差异巨大而显著时，人们对用一定符号所创设的含义因文化不同而存在不同的解释和期待，这种解释和期待的差异大小直接影响交际的效度。因此，在跨文化交际过程中，交际环境、符号运用的恰当性和有效性、认知程度以及交际动机或者目的等都影响交际的结果。

首先，交际环境影响交际者的跨文化交际能力，因为交际环境决定交际行为发生时交际者之间的关系以及交际的状态。

其次，交际符号运用的恰当性和有效性影响或者限制交际者在一定交际场合下对符号所表示含义的解读，乃至交际结果的发生。

再次，认知程度决定交际者对交际对象的民族个性、生存环境、风俗习惯和行为规则等的了解程度。例如，在中国，时钟是很少被当作礼物送人的，因为"送钟"与"送终"同音，后者表示一个人生命的终结，因而把时钟作为礼物是中国人所忌讳的。

最后，交际动机影响人们在交际过程中情感的表达、方式的选择等。

二、跨文化交际的原则

交际是人们之间的信息互动过程。在交际的过程中，双方对言语和行为交际方式的使用，对内涵的解读和对信息的反馈往往受到多种因素，如交际者的个人情况（包括年龄、性别、性格、教育、认知、人生观与价值观等）、社会环境（包括社会制度、生活环境、生产和生活方式、习俗等）、交际的时间和场合以及交际的态度和意图等的影响，致使交际质量有高有低、效果有好有坏、结果有成有败。

要想成功地实现交际的目的，取得理想的交际效果，交际者不仅要了解交际双方的文化差异，选择恰当的言语和行为，还必须遵守一定的交际原则。交际既然有文化圈内和文化圈外之分，那么交际的原则也有所区别。圈内交际主要应该遵循交际的基本原则，也可以称为微观交际原则。而圈外交际既要遵循交际的基本原则，也要遵循文化交际原则，也可以称为宏观交际原则。言语是一种交际的心理现象，往往能展现人们的交际心理过程。在交际过程中，必须做到言行得体、恰如其分。得体的言行，有助于实现交际的目的。反之，会影响交际心理的展现，妨碍交际双方的交流。在交际过程中，要遵循交际的质量原则、礼貌原则、得体与适应原则、机敏原则、尊重习俗的原则等。

（一）质量原则

所谓质量原则，就是在交际过程中交际话语应该提供足够而又不致让人产生误解的信息量。质量原则包括质和量两个部分的内容，质的部分要求交际话语所提供的信息准确，而量的部分要求交际话语所提供的信息充分。交际是一个将信息在交际者之间不断进行传送和反馈的互动过程。如果达不到应有的质量原则要求，往往会导致交际中产生误解甚至交际失败。

（二）礼貌原则

交际过程中的言行举止会对交际产生实质性的影响。礼貌要求涵盖行为和语言两个方面。

行为举止的礼貌要求在地域和民族乃至群族内部都普遍存在。例如，在中国，有"站如松，坐如钟，行如风"的体势礼仪要求；有"男女授受不亲"的异性交往礼仪要求；有"东家不饮客不餐"的餐饮礼仪要求；等等。在日本，对坐姿要求男女有别，男性是盘腿而坐，而女性则是跪坐；在招待客人时，日本妇女都要跪着服务，且不能将屁股朝向客人；欧美国家注重服饰与着装，如男士穿西服打领带，女士穿裙子或者礼服等。

交谈作为相互间心理沟通的过程，需要双方都以对方为交往对象而密切地协调与配合。在交际过程中，要耐心地倾听对方说话，并积极地做出各种反应，如专注的眼神、点头赞许或鼓励的手势等。即使不同意对方的观点，也应让人把话讲完，不要急于争论而打断对方讲话。

在交际过程中，有些行为往往被视为不礼貌的行为。如说话时用手指（食指）指点对方。在公交车上，如果售票员在查点人数时用手指点数，会让乘客觉得不快。在一些旅游客车上，受过培训的导游就会避免用手指点数的方式来查点人数。

但是，不同地域和民族乃至群族之间的礼貌原则存在显著差别。例如，在中国，比画小孩的身高往往是以五指并拢，掌心向下的方式来表达的。而在南美的一些国家，则是以五指并拢，掌心向内的方式来表达的。中国人的表达方式被他们认为是比画动物的高矮的，掌心向下来比画小孩的身高则被看作是一种轻蔑的做法。

再如，在日本，客人进入主人家里，往往要脱鞋；但在东南亚的一些国家，客人进入主人家里后的脱鞋举动则被视为不礼貌的行为。

礼貌原则不仅可以体现在行为上，也可以体现在语言上。语言交往是人类社会交往中一种必不可少的形式。俗语"良言一句三冬暖，恶语伤人六月寒"说的就是语言对人们交往所产生的影响。如在中国，对长者的称谓需要根据亲疏关系、辈分与年龄等因素来具体确定；对自己使用谦称，对对方使用尊称；等等。这些都是礼貌原则在语言中的体现。

（三）得体与适应原则

所谓得体，是指交际中的言语和行为要恰到好处。由于交际的对象、目的和情境不同，因而存在交际的对应性，也就是说，交际中的言语和行为也要审时度势，因时、因地、因人而变以适应交际环境的变化。

从交际行为来说，既要入乡随俗，又要维护自己、国家和民族的尊严。入乡随俗就是尊重或者遵从对方的习俗和规范。例如，在西方社会，宴会上人们主要是用高脚的玻璃杯喝红葡萄酒，倒酒时一般只倒 1/3 杯，且通常是一口干了。而在中国，人们常用陶瓷小酒杯喝烈性的白酒，倒酒时一般要倒 2/3 杯。喝茶水时，西方人习惯喝凉水，往往给客人倒半杯的量，等客人喝完再添。而中国人则习惯喝热茶，给客人倒茶时往往是 2/3 杯的量，等客人喝完一部分就马上添加。

在交往中，有些不怀好意的人故意设计圈套或者陷阱，用以侮辱对方，使对方的尊严受损。这时应该机智地奋起反击，以维护自己乃至国家和民族的尊严。

（四）机敏原则

机敏原则是指在交际中针对各种具体情况机智灵活地实施语言和行为策略，以正面应对某些问题，避免交际时尴尬局面的发生，或者维护个人的人格和国家、民族的尊严等。机敏原则的实施往往要求交际者具有良好的应变能力和谋略。该原则在日常交往和外交事务中的重要性显得尤为突出。

（五）尊重习俗的原则

不同的国家、不同的民族甚至不同的地区、不同的社会群体，都有不同的文化结构和文化内容。每一种特定的文化模式，都受各国、各民族、各地区和各阶层等多种因素的影响。其中，有物质环境的影响，如气候、地理条件、资源和人口等；也有社会环境的影响，如科学技术的发展、社会制度的特点、意识形态和外来文化；等等。这众多的"不同"构成了文化上的习俗差异。在跨文化交际中要遵循尊重习俗的原则，既要尊重对方的文化习俗，又要维护自己国家的风俗习惯。

三、跨文化交际国外研究现状

国外的学者对跨文化交际的探讨已有多年，发表了大量既有深度、又有实证的论文、专著。在美国，跨文化交际研究已经有多年的历史，众多学者对理论模式十分重视，但是至今仍然在不断探讨理论模式问题。在美国的跨文化交际研究中，心理学的位置十分突出，其次是传播学、人类学等。因此，在跨文化交际研究中应该采取多学科综合的研究方式，而不必拘泥于某一家之说或者某一种方法。再就是研究方法呈现多样化趋势，各种流派纷纷出现，从不同角度，以不同手段，围绕不同的内容各抒己见。其中较具体易行的方法有：文化差异主义、文化相似主义、文化对话主义、动态过程法以及经验学习法等。文化差异主义和文化相似主义是有关异文化交际探索和异义化交际教育的两种研究方法，前者强调受教育者要学习了解文化差异，而后者则强调要学习文化中的共性。文化对话主义主张提高自我文化意识以及跨文化意识，克服文化差异，进行交流。动态过程法则主张文化与交流是动态变化的多层次复杂体。经验学习法鼓励受教育者直接体验不同的文化。

四、跨文化的言语交际

语言是人类交际的重要媒介。文化不同，语言内涵（语言文化知识）及其表达方式也就存在差异。人类的言语交际涉及语言的各个方面，涉及社会和现实环境，涉及交际双方的关系和背景，要想实现成功交际，说话者必须根据谈话的对象和环境来选择相应的语言策略，包括恰当的言语表达方式。

（一）语言是文化的产物与载体

语言与文化有着极为密切的关系。语言是文化的产物，又是文化的载体，它不断丰富并推动着文化的发展。跨文化交际涉及不同的文化，而不同的文化造就不同的语言。文化决定语言的表达方式，语言承载文化的内涵。

首先，语言是文化的重要组成部分。所谓文化，从广义上讲，指人类所创造的一切物质财富和精神财富的总和。"精神财富"包括了人类所创造的语言、文字、文学、艺术、科技、法规、制度、风俗习惯、生活方式等。语言是人类精神文化的一部分，是文化大系统中的一个子系统，同时，语言还由于本身所具有的文化表现功能，构成整个文化的基础。例如，汉语中的"讨老婆"就包含了汉语文化，因为在旧时中国文化中，女子在出嫁前是由父母从小养大的，饱含了父母精神上、经济上和物质上的付出，可是到出嫁后，其将为另外一个家族创造财富。因此，在传统汉语文化中，男子娶妻实质上是一种很"占便宜"的行为，因而有"讨老婆"的说法，但其英文表达应该为 marry，而不能用 beg for a wife。

其次，语言是文化的表现形式和承载形式。人类的各种文化现象和文化成果，诸如思想、观念、理论、知识、智慧以及法规、制度、科学、技术、信仰、传统、习惯、风俗等，无论是口传心授还是见诸文字，只有通过语言才能够表达、记载、传授、学习、研究、获得、积累。语言是人类文化的载体和表现形式，是文化赖以产生、发展和传承的必要工具。语言对于文化的这种表现功能和承载功能，使语言得以进入文化大系统的各个领域和方方面面。语言与社会政治、经济体制息息相关，语言往往承载着丰富的社会信息。

最后，语言是思维的工具。人类之所以能够脱离动物界，创造出灿烂的文化，得益于人类的思维能力和思维活动，而人类思维的基础是语言。人类对于自身及外界的认识和理解是借助于语言形成和表达的。语言是概念的载体，是人们给客观事物命名、归类并进行分析、判断、推理活动的工具。

也正因为如此，不同民族的语言是不同民族思维的轨迹，体现了各民族的思维方式。

（二）言语符号的交际功能

语言是人们用来传递信息基础而实用的工具。例如，"It is very cold outside."传递了"外面很冷"的信息；"I am hungry."传递了"我处于饥饿状态"的信息。语言也是人们建立关系的桥梁和纽带，因为语言可以设定交际的目的，表明交际的情感和态度等。语言还是人们进行交际的策略和手段。

1.言语符号具有识记功能

言语符号是人们在长期的生活实践中总结形成的意义符号系统，其形、音、义都具有一定的稳定性，因而人们可以通过运用语言学习认知、储存记忆、输出运用，以便完成对事物、事件、行为、规则等信息的记录与交流传递。例如，我们在学习汉语词汇"毛笔"时，掌握了其读音，了解到这是一种用来进行文字信息书写记录的工具，并与其具体的实物相联系来完成对"毛笔"的学习认知过程，在以后的任何时候，见到该事物就知道其名称和功能，并随时可以用来传递相关信息。

2.言语符号具有表意功能

言语符号可以用来表述各种行为、事件、观念、关系以及观点等，用于构建社会群体间的社会关系，确立人们在一定群体范围内的位置和关系等。在交际过程中，交际含义会受到多种因素的影响和制约，因此言语符号可以用来表现三种相互依赖的社会和文化含义，即表象意义（presentational meaning）、倾向意义（orientational meaning）和组合意义（organizational meaning）。

3.言语符号具有审美功能

言语符号可以按照一定的规律进行灵活组合而产生语音、语义，甚至形态上的美感。例如，英语中的"Was it a car or a cat I saw?"就蕴含了"w-a-s-i-t-a-c-a-r-o-r-a-c-a-t-i-s-a-w"的字母回环美。英语句子"The crowds melted away."表示人群慢慢地散开，句中的 melted（像雪一样缓慢融化）就具有含义美。汉语也一样，如"品"是由三个"口"组成的，指原本可以一口吃（喝）完的东西分成三口来吃，有享受其质量内涵的意思，从而也引申出汉语词语"品味"。再如汉语句子"僧敲月下门"，作者贾岛在用字上是经过反复斟酌的，最后选定"敲"。如果用"推"，在月夜推门，会让人觉得这个"僧"缺乏教养，这与中国传统的"儒礼"相违背，因而，选对字会让整个句子富有韵味。

（三）言语符号的交际局限性

言语符号系统是由文化群体内部长期使用而形成的基本固定的声音符号和文字符号所组成的。文化对言语的特殊语义成分和言语的结构模式都产生了重要的影响，因而在不同的文化群体间，符号所指与含义能指之间存在一定的差异性。

1.言语交际的结构性歧义

言语符号是一种有声、有形又有义的符号系统，具有区别于其他符号系统的个性特征。言语符号是由声音和形式组合起来的符号。人们既赋予言语符号声音，又赋予其一定的形式。声音适用于近距离的口头交际，形式适用于远距离的书面交际。例如，会话时的话语、联系远方亲人和朋友的信函，都是传递信息的媒介。

2.言语夹击礼节性歧义

人们赋予言语符号一定的声音、结构模式和含义。在交际过程中按照一定的规律来进行声音和结构的组合，从而形成一定的意义。

言语符号是一种约定俗成的意群符号，其含义具有一定的稳定性和延续性。人们可以通过学习掌握其形式、声音和含义。

言语交际的含义需要经过适度的推理而获得。言语的含义有时隐含在字面含义之外。例如，明代学者解缙因讥讽那些不学无术的权臣"墙上芦苇，头重脚轻根底浅；山间竹笋，嘴尖皮厚腹中空"而遭到嫉恨。在一次宴会上，一位权贵蓄意羞辱他，故出上联：二猿断木深山中，小猴子也敢对锯（句）。解缙巧对下联：一马陷足污泥内，老畜生怎能出蹄（题）。这副对联的真实含义暗含在字句之外的谐音中。

第二节　英语翻译中的
跨文化交际因素

一、特有文化的表达

英语翻译中常常承载大量文化性的表达，包括成语、古诗词、中国特色词汇等，接下来对它们一一展开论述。

（一）成语

成语是长期使用、锤炼而成的简明并具有丰富文化内涵的短语或短句，在外事话语中往往大量运用成语，成语承载独特的传统文化或具有历史渊源，我们很难在目的语中找到对应的词汇，外事译者要充分理解成语的文化含义，并采用一定的翻译策略才能将文化含义传递到目的语中。例如，"兼容并蓄""亲仁善邻""和而不同"等成语，在目的语中，很难找到与原文成语语义和句式完全对等的表达，着眼于成语的文化内涵，试将以上成语译为"accommodation and integration with foreign cultures""befriend the neighbors""pursue harmony out of respect for differences"。

（二）古诗词

古人留给我们丰富的文化遗产，诗词就是其中独特的珍宝，我国各级领导在会晤、致辞或者和外宾交流中都喜欢引用古诗词。古诗词源语往往包含许多修辞手段且有严格的格式韵律，含有大量的文化信息，因此在翻译时很难将文化信息移植到目的语中。在诗词的翻译中译者应采用适当的翻译策略以尽量减少源语文化含义的缺失。

（三）中国特色词汇

中国经济空前发展，带有中国特色的词汇也随之源源不断地涌现出来，特别是与数字结合的词组有很多。这些词汇都是中国所特有的，承载了丰富的文化信息，且在英语中几乎找不到对应的表达。

二、中西思维差异的体现

翻译不仅是语言间的转换，也是两种思维方式的转换，由于中西方思维方式的差异，汉英语言在造字、谋篇布局、话语组织等方面也存在较大差异。汉语重意合，英语重形合，中国人重悟性和辩证思维，西方人重理性和逻辑思维。汉语在叙述和说明事物时，习惯从大到小，从一般到特殊，从整体到局部；而英语则相反。这一差异在汉英句子的词序中明显地反映出来，如在时间、地点、人物介绍等排列顺序中，汉语都按从大到小的顺序，英语则都按从小到大的顺序。两个以上的定语修饰名词时，汉英排列顺序相反，如："Shanghai is one of the biggest cities in the world.（上海是世界上最大的城市之一）"。另外，汉语的词或概念的意义往往是模糊的，必须依靠上下文语境来辨析其所指，而英文词义更加精确。外事译者不仅要掌握语言的表面形式，还要尊重和了解目的语受众的思维习惯，超越语言和文化的差异，运用符合目的语受众文化心理和思维习惯的语言表达方式，达到翻译的效果。

三、译者的跨文化意识

对于不同文化间的差异的敏感性，就是跨文化意识，或称为"文化敏感性"。从心理学角度讲，跨文化交际能力的培养建立在跨文化意识培养的基础之上。同样，对于跨文化交际翻译，作为第一轮交际活动的参与者，译者的跨文化意识是其能否成功进行跨文化交际翻译的关键。

美国学者汉威（Robert G. Hanvey）认为，跨文化意识指的是跨文化交际中参与者对文化因素的敏感性认知，通常分为四个层次，分别是：第一，对那些怪异的表面文化现象的认知；第二，对那些与母语文化相反而又被认为是不可思议的、缺乏理念的、显著的文化特征的认知；第三，通过理性分析从而取得对文化特征的认知；第四，从异文化持有者的角度感知异文化。其中，第四个层次是跨文化意识的最高境界，要求参与者具备"移情"和"文化融合"的本领。即在充分认识异文化差异的基础上，将自己"代入"对方的心境，设身处地地体味别人的际遇和感受，在异文化背景下观察和思考问题。

汉威的理念注重对异义化的意识，当然，预设的前提是对本民族文化有充分的了解。对于一个面对两种文化的译者来说，在选择如何处理文化因素时，还应意识到自己为什么要这么做。即除了上述提到的四个层次，译者的跨文化意识还应具有自己独特的内涵。相比之下，英国著名语言教学专家托马林（Barry Tomalin）和斯坦普尔斯基（Susan Stempleski）在《文化意识》（*Cultural*

Awareness）一书中所概括的"文化意识"对此方面的探究更有借鉴意义。它指出以下三个方面的内容：①对受自身文化影响的行为的意识；②对他人受其自身文化影响的行为的意识；③对自身文化观点做解释的能力。

因此，译者的跨文化意识可以概括为以下三点：①对源语文化的意识；②对译入语文化的意识；③对自己采取的翻译策略与方法做出解释的能力。这三个方面密不可分：第①点和第②点构成了译者跨文化意识的第一层次，即对不同文化之间异与同的敏感性认知。不过，这一层次只是进行翻译的基础。作为翻译活动的主体，译者还要意识到影响跨文化传播的诸多因素，并且能够对自己所采取的翻译方法做出解释，即能够意识到自己在做什么以及为什么这么做。

第三节　跨文化交际视角下的
英语翻译策略

一、归化

归化是指遵守译入语语言文化和当前的主流价值观，采用归化方法就是尽可能不去打扰读者，而让作者向读者靠拢。归化以目的语及目的语受众为主导，源语文化与目的语受众所能接受和理解的文化信息发生碰撞时，译者改变源语的形式使译文符合目的语受众的习惯。即使外事译者能够在目的语中找到与源语对应的词汇，但是由于目的语受众的思维与源语读者的思维有差异，目的语受众仍然会按照惯有的文化心理去理解译入语。在翻译中使用归化手段能够使译文更加贴近目的语受众。

还有一种情况是，译者在翻译时由于无法找到对等词汇或语句，因此无法传达源语的形象，忽略源语形象又不能达到翻译的目的，此时可以采用归化手段：选择目的语受众所熟悉的表达方式，用目的语受众所能理解和接受的形象来代替源语的形象。这种归化法有利于使译文达到与原文相同或相近的表达效果，一定程度上可以弥补源语形象无法再现的缺点。

二、异化

美国学者韦努蒂（Lawrence Venuti）对异化的定义是：偏离本土主流价值观，保留原文的语言与文化差异。也就是在翻译过程中承认并能客观对待不同文化之间的差异，译者能更多地从原文出发，保留源语的风格特点和文化气息。

由于当前国与国之间的政治、经济、文化交流日益广泛和深入，全球一体化的进程加快，在文化融合的大背景下，异化法保留源语的风格特点，对目的语也是一种拓展，是当前缓和文化冲突的有效翻译手段之一，不仅有益于对外传播和推广本国的文化，也可以让目的语受众通过译入语文本感受译入语国家的文化。

三、解释性翻译

各国的政治、制度、文化、风俗等各有特色，涉及各国政治、文化等方面的特定词语，在源语文化背景下的本国读者完全能理解其含义，但目的语受众由于缺乏相关的文化知识，无法理解其含义，在这种情况下，可以对特定词语或语句增加合适的解释，也就是进行解释性翻译，使目的语受众更好地理解和接受源语传达的文化信息。

解释性翻译（也称为增译、加译）是根据源语和目的语间的差异，在翻译时增添了一些解释性的短语或句子，译出源语作者和读者没有理解障碍，而目的语受众却不甚了解的意义，是一种含有特殊文化意义的有效翻译手段。

第四节　英语翻译过程

一、英语翻译的理解

（一）理解是表达的前提

所谓理解，就是译者动笔翻译之前边读原文边思索和想象的过程，是正确认识和把握原文的思想内容、感情和风格等的过程。译者对原文理解错误肯定会影响表达的正确性或恰当性。理解作者表达的思想内容，译者不仅要了解字面意思（表层，即载体词语），而且要知道深层含义（即载体所指）。有时载体词语和载体所指相去甚远，从字面上很难看出它的实际意义，尤其是一词多义的载体词语。

（二）理解需要提高英语阅读能力

在理解这一阶段，我们的重点应放在英译汉方面，因为英语是我们的第二语言，理解起来相对困难。我们平时要多看多读，材料可以包括英语报纸、杂志、小说、专著甚至漫画，还可以到网上去浏览，这对于提高英语阅读能力一定是非常有帮助的。

例："My animals don't have the muscle structure of modern pig — the muscle density is not as great. Modern pigs look like Arnold Schwarzenegger — they ripple when they walk," says O'Regan.

译文：欧里根说："我的猪没有现代猪那样结实的肌肉结构，现代猪看上去就像施瓦辛格，走起路来浑身的肌肉上下直颤。"

分析：这个句子的难点在于"they"的指代意义，如果我们从汉语的角度来理解，上下颤动的应该是脂肪，而不是结实的肌肉。这样我们就可能认为"they"指代的是"我的猪"，而不是"现代猪"。这里就需要译者具有较高的英语能力，因为在英语中，"ripple"总是和肌肉，而不是和脂肪联系在一起的。

（三）理解需要扩大知识量

要实现正确的理解，译者除了学会分析词义、语义、语法结构和逻辑关系，还必须培养自身的认识能力和分析能力；必须具备广博的知识，要上知天文，下知地理。此外，译者对不同题材、体裁要熟悉了解，对所讨论的问题要有所研究。翻译经济方面的材料，译者要具备一定的经济学知识；翻译新闻类的材料，译者要了解国内外时事政治；翻译某个领域的文章，如机械、电子、商务、医学等，译者必须了解相关领域的专业知识，否则译文会晦涩难懂。

如果翻译文学作品，译者还必须具备一定的文学修养，了解作品的时代背景、作者的生平以及写作的艺术风格以及相关的历史、地理、风土人情、自然风貌、文化传统等知识。此外，还要充分认识和了解不同语言的规律、思维模式和文化差异等。

例：This man is the black sheep of the family.

原译：这个人是家中的黑羊。

改译：这人是家族败类。

原译望文生义，令人费解。在中国人看来，黑羊、白羊都是羊，没有什么意义上的区别。而在英语中"black sheep"则有贬义，是"害群之马""败家子"的意思。

（四）对形式的理解

传统的翻译理论一向认为，"理解"是指对原文内容的理解，我们认为这种观点有其片面性，因为内容与形式是互为依存的矛盾统一体，内容深藏于形式之后，形式是内容的表层体现，特定的内容往往通过特定的形式加以呈现。要真正理解内容，就必须分析内容所选定的形式。从这个意义上说，理解是一个由表及里、由浅入深的过程，不应排除对形式的理解。

二、英语翻译的表达

理解和表达是翻译的两个阶段，它们之间是相互联系、相互作用的关系。如我国学者陈宏薇所说，在理解时，译者就已经开始自觉或不自觉地寻找适当的表达方式；在表达时译者又往往会带着问题回到原文进行进一步的理解。

（一）表达是关键

在国际论坛的同声传译活动中，许多译者在将英语翻译成汉语时感到十分紧张，担心出现"听不懂"的情况。相反，对将汉语翻译成英语则比较有信心，因为不存在理解的障碍，只要听懂了，怎样都能把英语单词堆起来传过去。这种想法一方面说明了理解过程的重要性，另一方面也反映了译者对表达过程缺乏足够的认识。准确地理解是表达的必要条件，但它并不直接等于准确地表达。实际上，理解错误和表达不当所造成的信息变形具有同样的效果，这一点在论坛中也得到了证明。说中文的受众向主讲人提问时，一些中文问题虽然被及时翻译了过去，但主讲人听后却一脸狐疑，不知道问题到底是什么，只好泛泛地做几句简单的回答。因此，我们说表达是翻译的关键，在准确理解的前提下，一篇译文质量能否得到保证，就全看表达了。实际上，不少译文的质量低劣并不是由于理解得不好，而是因为表达有问题。

例1：Technology is changing all that. It's literally parting the waves for today's undersea explorers. And it's bringing about opportunity to transform vision, curiosity, and wonder into practical knowledge.

原译：技术正在改变这一切，正在为今日的海底探索者劈波斩浪，正在创造机会，使幻想、求知欲和惊叹变为实实在在的知识。

改译：技术正在改变着这一切，正在为今日的海底探索者劈波斩浪，正在创造机会，使人们能够实现梦想，满足好奇，创造奇迹。

例2：Personnel officials often hire the person that they like best, or even the one they think more physically attractive. Looking good is no guarantee of doing the job well, however.

原译：人事负责人往往录用他们最喜欢的人，甚至他们认为最有魅力的人。但长相好并不意味着工作出色。

改译：人事负责人往往录用他们自己最喜欢的人，甚至以貌取人，但长相出众并不意味着工作出色。

例3：Many people become depressed because they feel a tremendous gap between the way their life is and the way they think it ought to be.

原译：许多人心情沮丧是因为他们感到他们现在的生活和他们认为应该拥有的生活差距很大。

改译：许多人会因为现实与理想之间的巨大差距而心情沮丧。

（二）英语翻译中的表达

1.表达要注意灵活性

所谓恰当的表达，就是利用对目的语的驾驭能力，完全恰如其分地表达原文的思想内容、立场感情和风格笔调。由于英汉两种语言在文化背景和语法结构上存在着很大的差异，因此在翻译的过程中不能完全按照原文的句式和字典上的释义来翻译，必须根据具体的上下文进行灵活处理，既要忠实于原文又要把握表达的灵活性。

2.表达不要拘泥于形式上的忠实

所谓忠实于原文，有形式上的忠实和内容上的忠实两种。如果能做到形式和内容都忠实于原文，当然是最理想的境界。然而，能否达到形式和内容的统一，并不取决于译者水平的高低，而要看源语和译语在表达方式上的差异。在翻译实践中，当形式上的忠实和内容上的忠实二者不可兼得时，多数译者为了保存形式而不惜牺牲内容。因为形式上的忠实一眼就能看出来，既省劲又不担风险。而内容上的忠实需要动脑筋才能看出来，甚至还要担风险。但翻译的目的要求译者必须保存内容。因此，为了保存内容，使译文读者能够得到与原文读者大致相同的感受，在形式上的忠实和内容上的忠实不可两全的情况下，只能牺牲形式。

3.表达要注意词同义不同

在翻译中译者常碰到源语中的某些说法在译语中也存在的现象，但仔细品味起来，就会发现译语中用同样的词表达出来的意思与源语有出入，给人的感受也不同，这就是所谓的"词同义不同"。因此，在翻译表达中要特别注意这类情况。

4.表达要注意翻译原则

表达的传意性、可接受性和相似性是翻译的三原则。表达时为了能达到传意，甚至传神，译者常常需要抛开原文的形式，充分表达出原文内容的确切含义和神韵。这时，译者须遵循译文必须符合原意的原则，即不管使用任何技巧手法，都必须把原文的意义表达出来。

有时源语与译语的表达方式相去甚远，为了表达原意，必须做较大的变动，这样，翻译出来的句子在形式上与原文相差很远，甚至面目全非。使用种种翻译技巧也无济于事。在这种情况下，译者可以使用一条适用于各种场合，简便而又切实可行的翻译准则，即彻底弄清了原文的意思以后，不妨把原文先放在一旁，考虑一下表达这种意思，在这样的场合下，操源语的人会怎么说，然后再翻译。也就是说先把习得的思想变成自己的思想然后再进行表达。这样就可以摆脱原文表达形式的束缚，使译文既能表达出原意，又符合译语的表达习惯，达到通顺易懂，使译文读者能得到与原文读者大致相同的感受，实现翻译的传意性、可接受性和相似性。

5.表达需要良好的语言素养

英汉两种语言在句子组合策略和思维表达模式上存在着很大的差异，这就要求译者除了应熟练掌握翻译理论知识、翻译方法和技巧，还需不断提高自己的本族语和外语的水平，能正确理解原文，熟练地运用和表达目的语。

三、英语翻译的审校

（一）校核的传意性

有些译者在双语环境中长大，具有先天优势，另外一些译者通过自己长期艰苦的努力，外语的水平可以达到接近母语的程度，但是更多的译者还处在提高的过程当中，有时候难免出现理解上的偏差。在检验时，要将译文和原文进行比较，看两者在各个层面的意义上有没有出入。许多理解上的偏差译者是可以自己发现的，因为理解错误的结果往往是译文缺乏合理的逻辑性，难以自圆其说。出现这种情况时译者应该反复地琢磨原文，看问题到底出在哪里。

例1：Both chimpanzees and humans seem reassured in stressful situations by physical contact with another individual. Once David Graybeard caught sight of his reflection in a mirror. Terrified, he seized Fifi, then only three years old. Even such contact with a very small chimp appeared to reassure him; gradually he relaxed and the grin of fear left his face. Humans may sometimes feel reassured by holding or stroking a dog or some other pet in moments of emotional crisis. （Jane van Lawick

Goodall: *In the Shadow of Man*）

原译：无论是人还是黑猩猩，在紧张情况时，与另一个身体接触似乎可以安定自己的情绪。有一次"大卫·格雷伯德"看到镜中自己的影像大为惊骇，忙抓住近旁的"飞飞"，当时"飞飞"只有三岁。它甚至与这样小的猩猩接触好像也觉得放心，它慢慢松弛下来，脸上留有一副龇牙咧嘴的恐怖相。人在情绪激动的关头，抓住或拍打一只狗或宠爱的其他小动物，有时也会使情绪镇静下来。

分析：既然灰胡子大卫的情绪已经慢慢松弛下来，那么它脸上就不应该还是一副龇牙咧嘴的恐怖相。这里译者对"left"一词的理解不对。

改译：在紧张的时候，无论是人还是黑猩猩，似乎都可以通过身体接触镇定自己的情绪。有一次灰胡子大卫在镜子中看到了自己，惊骇之下，它一把抓住了飞飞，当时飞飞只有三岁，但即使是与这样小的猩猩接触也能产生安定效果，灰胡子大卫慢慢松弛下来，龇牙咧嘴的恐怖模样从脸上消失了。人也一样，在情绪激动的关头，有时可以通过拥抱和抚摸小狗或宠物使自己镇静下来。

例 2：Unless otherwise stated, the generally accepted hugging posture is in the standing position and involves the huggers extending their arms straight out from their bodies. The taller hugger goes high while the shorter hugger goes low and thus embrace begins. In the event of both huggers being the same height, the decision as to who goes high is decided by the instigator — he/she will invariably have the upper ground.（*Types of Hugs*, from BBC）

原译：如果没有其他特别的说明，一般普遍接受的拥抱姿势是双方站立，两臂向前伸展，个子高的一方手臂在上，个子矮的一方手臂在下，然后相互拥抱。如果双方身高相当，谁的手臂在上则由先伸出手臂的一方决定，他/她总是具有主动权。

分析：最后一句的翻译出现了理解错误，"the upper ground"在这里其实就是它的字面意义：较上的位置。为了检验，我们甚至可以让两个身高不同的人进行拥抱试验。结果会发现，事实确实如此：发起方的手臂总是毫不例外地处于较上的处置。

改译：一般说来，约定俗成的拥抱姿势是双方站立，双臂张开，较高的一方手臂在上，较矮的一方手臂在下，然后相互拥抱。如果双方身高相当，谁的手臂在上则由发起拥抱的一方决定，发起方的手臂总是毫不例外地处于较上的处置。

（二）校核的可接受性

在这里我们要强调译者的职业道德问题，译者担负着构建文化桥梁的任务，面对的是广大的译语读者，工作性质是十分严肃的。译者对自己的身份和责任要有一个清楚的认识，一定要有一个严谨的工作态度，保证译文的质量。

从词句的层面来看，译者要检验遣词用句是否恰当，进一步地字斟句酌，争取最好的表达效果；从篇章的层面来看，译者要检验语篇的衔接和连贯性，以及逻辑关系的表达是否清晰等。

例1：Culture shock is precipitated by the anxiety that results from losing all our familiar signs and symbols of social intercourse. Those signs or cues include the thousand and one ways in which we orient ourselves to the situation of daily life: when to shake hands and what to say when we meet people, when and how to give tips, how to make purchases, when to accept and when to refuse invitations, when to take statements seriously and when not. Now these cues, which may be words, gestures, facial expressions, customs, or norms, are acquired by all of us in the course of growing up and are as much a part of our culture as the language we speak or the beliefs we accept. All of us depend for our peace of mind and our efficiency on hundreds of these cues, most of which we do not carry on the level of conscious awareness. (*Culture Shock and the Problem of Adjustment in New Cultural Environment*)

原译：文化冲击是由于失去了所有我们熟悉的社会交际信号和表征而产生的苦闷心情触发的。那些信号，或者称为暗示，包括无数我们赖以适应日常生活各种情景的行为方式。例如，我们遇到人时，该何时握手和该说些什么；何时给小费和怎么给；如何购物；何时可接受邀请，何时该拒绝；对别人的话，何时该认真对待，何时不必计较等。这些暗示可以是话语、手势、面部表情或习俗规矩，全都是我们大家在成长过程中获得的。它们就像我们的语言和信仰一样，成了我们文化的一部分。我们平静的心态和工作效率都有赖于这千百种暗示，虽然大多数我们没有觉察它们的存在。

改译：触发文化休克的原因是失去了所有熟悉的社会交际信号和象征而引起的焦虑。那些信号或提示包括日常生活各种情景中的行为方式。比如遇到人时，何时握手，说些什么；何时给小费，怎么给；怎样购物；对于邀请何时应该接受，何时可以拒绝；对别人的话何时该认真对待，何时不必计较等。这些提示可以是话语、手势、面部表情、习俗或规范，是我们在成长过程中逐渐获得的。它们和语言、信仰一样，是我们文化的一部分。尽管我们在运用大多数提示时处于一种无意识的状态，但它们却是我们获得内心平静和行动效率的基础。

例 2：There is widespread fear among policymakers and the public today that the family is falling apart. Much of that worry stems from a basic misunderstanding of the nature of the family in the past and a lack of appreciation for its strength in response to broad social and economic changes. The general view of the family is that it has been a stable and relatively unchanging institution through history and is only now undergoing changes; in fact, change has always been characteristic of it. （Maris Vinovskis: *The Changing Family*）

原译：今日制定政策的人和公众都普遍担心家庭在逐渐解体。这种担心多半是对过去家庭性质从根本上的误解和对家庭适应社会经济广泛变化的韧性认识不足所产生的。人们普遍认为，家庭历来是一种稳定和相对不变的组织机构，只是现在才经历着各种变化。其实不然，变化从来就是家庭的一个特征。

改译：今天的公众和决策者都普遍担心家庭在逐渐解体，这种担心的主要根源是人们从根本上误解了过去家庭的性质，以及没有充分认识到家庭对社会经济广泛变化的适应能力。人们普遍认为，家庭在历史上一直是一个稳定不变的机构，变化是现在才开始的。其实不然，变化从来就是家庭的一个特征。

例 3：Clearly there have been major changes in the way our society treats children, but it would be very difficult for many of us to agree on the costs and benefits of these trends — whether from the viewpoint of the child, the parents, or society. While many applaud the increasing individualism and freedom of children within the family, others lament the loss of family responsibility and discipline. A historical analysis of parents and children cannot settle such disputes, but it can provide us with a better appreciation of the flexibility and resilience of the family as an institution for raising the young.

原译：很明显，我们社会对待孩子的方式有了重大改变，但对这些改变的趋势所带来的好处和付出的代价，无论从孩子、父母和社会的角度来看，很多人的意见都难以取得一致。许多人欢呼日益增长的个人主义和孩子在家庭中享有的自由，而另一些人却在哀叹家庭责任和管束力的丧失。对父母和孩子作历史分析并不能解决这些争论，但却能使我们更好地理解家庭作为一个抚养青年一代的机构所具有的灵活性和弹性。

改译：很明显，我们的社会在对待孩子的方式上已经发生了重大改变，至于这些变化的趋势带来了哪些好处，造成了哪些损失，无论我们是站在孩子、父母或者社会的立场来看，我们都很难取得一致的意见。许多人欢呼日益增长的个人主义和孩子在家庭中享有的自由，而另一些人却在哀叹家庭责任和纪律性的丧失。从历史的角度对父母和孩子进行分析虽然不能解决这些争论，却能使我们更好地理解这一点：作为一个培养青年一代的机构，家庭具有相当的弹性和韧性。

（三）翻译症

每一个读者都会很自然地期待读到通顺易懂的译文，因为这是对出版物最起码的要求。然而事实上，相当数量的译文或其中的某些部分读起来生硬、别扭，令人费解，甚至不知所云，给人一种文笔拙劣的感觉。这显然是译者在交流过程中制造出来的"噪声"，因为原文作者的文笔一定不至于差到"拙劣"的地步，否则也就不值得翻译和出版了。我国学者范仲英认为，翻译症是翻译中特有的一种通病。出现这种现象的原因并不是译者文化水平低、写作能力差，而是由于译者受到源语的束缚和干扰，对原文的用词、结构、比喻等采取逐一照搬、以此就彼的做法，使译文不符合译语的表达习惯和方式。

有必要指出的是，在当前文化融合的趋势下，翻译策略的选择正在发生变化。韦努蒂指出，现在我们越来越强调保留源语中各个层面的意义，甚至有意识地让译文带有原文的痕迹；同时，读者对带有"异国情调"的译文也采取了越来越宽容的态度。这里有一个"度"的问题，即如何在传意性和可接受性之间找到平衡。但是，有意识地选择和文笔拙劣之间是不能画等号的，也不是出现翻译症的借口。从另一个角度来说，我们首先必须有能力做出自然、流畅的译文，在这个基础上，我们才有可能决定怎样寻找平衡点。对于翻译的初学者来说，翻译的策略暂时还不是掌握的重点，当务之急是提高译文的可接受性，在我们的翻译水平达到较高的境界之后，再来考虑这个问题会更有现实意义。

翻译症主要有这样几种表现形式：词不搭配、令人费解、表达失误以及受到源语的干扰。

1.词不搭配

词不搭配主要是表达阶段的问题，也是一个比较隐性的问题，需要译者在检验译文质量时给予足够的注意。

2.令人费解

令人费解可能是理解阶段的问题，译者本身对原文理解不到位，译文自然也就不知所云；在表达阶段，如果译者过分拘泥于原文的形式结构，也可能造成译文生硬别扭、令人费解。

3.表达失误

表达失误不是因为对原文缺乏理解，而是在表达时对一些细节的处理不够恰当。

4.受到源语的干扰

这是翻译中最有可能出现的一种情况，其结果是译文由于带有严重的原文痕迹，可接受性不够好，严重时还可能影响意义的传递。

第二章 跨文化视角下的
英语翻译方法

第一节 重译法、增译法与减译法

一、重译法

这一节要讲的重译法，就是许多译著中谈到的重复法。在任何语言中，词语的重复与简约都是一对矛盾。但为了结构的对称，为了强调或为了修辞的需要，可以重复，但不能随时重复。重复法既然在翻译中被称为一种技巧，自然就不是一种不必要的重复，而是一种必不可少的方法。因此，可以这样概括重译法的定义：在翻译时，有时为了忠实于原文，不得不重复使用某些词语，否则就不能忠实地表达原文的意思。这种反复使用某些词语进行翻译的方法叫作重译法。

一般说来，重译法有三个作用：一是为了清楚明白；二是为了强调；三是为了形象生动。

（一）为了清楚明白

为了使译文清楚明白，就要设法消除任何可能出现的误解。

1.重复名词

（1）重复在英语中作宾语的名词

例：And I learned something about the measure of my neighbors by their preferred method of payment: by the job, by the month — or not at all.

译文：而且，我从邻居偏爱的付款方式中了解了一点他们的情况：有的按干的活儿给钱，有的按月支付——或者有的压根儿不付钱。

（2）重复在英语中作表语的名词

例：This has been our position — but not theirs.

译文：这一直是我们的立场——而不是他们的立场。

（3）重复在英语前置词短语前所省略的名词

英语中常重复使用前置词，而将第二个、第三个前置词前的名词省略，翻译时则往往要把此名词重复。

例：The doctor will get more practice out of me than out of seventeen hundred ordinary patients.

译文：医生从我身上得到的实践，会比从 1 700 个普通病人身上得到的实践还多。

（4）重复英语中作先行词的名词

英语中的定语从句常用先行词引导，它一方面代表定语从句所修饰的那个先行词（名词、代词或是前面整个句子），一方面在从句中担当一个成分，而汉语中没有关系词。因此，英译汉时往往需要重复这个作先行词的名词。

例 1：He gave me a book, which I kept to this day.

译文：他曾经送给我一本书，这本书我一直保存至今。

例 2：Yesterday afternoon, I met an old friend of mine, who said that he would go abroad the next week.

译文：昨天下午，我遇到了一位老朋友，这位老朋友告诉我说他下个星期要出国。

对英语中的同位语，翻译时有时也需要重复先行词，以确保语义顺畅。

例 3：Water can be decomposed by energy, a current of electricity.

译文：水可由能量来分解，所谓能量也就是电流。

2.重复动词或不定式短语

（1）英语句子常用一个动词连接几个宾语或表语，在翻译时往往要重复这个动词。

例：The blow hurt not only his hands but his shoulders too.

译文：这一下不仅震痛了他的手，也震痛了他的肩膀。

（2）英语句子中动词后有前置词一起构成短语动词时，在第二次乃至第三次出现这个短语动词时，只用前置词而省略动词，在翻译时则要重复动词以代替英语中重复出现的前置词。

例 1：He no longer dreamed of storms, nor of great occurrences, nor of great fish, nor fights, nor contests of strength.

译文：他不再梦见风浪，不再梦见惊人的遭遇，也不再梦见大鱼、搏斗和角力。

有时英语句子中连前置词都省略了，但翻译时同样可以重复动词。

例 2：But they did not show it and they spoke politely about the current and the depth they had drifted their lines at and the steady good weather and of what they had seen.

译文：但是他们并没有把感情流露出来，只是斯斯文文地讲起海流，讲起他们把钓线送进海水的深处，讲起好久不变的好天气，还讲起他们所看到的一切。

3.重复代词

（1）英语句子中使用代词的地方，翻译时通常可以按汉语的习惯重复其所代替的名词。

例：He hated failure, he had conquered it all his life, risen above it, despised it in others.

译文：他讨厌失败，他一生中曾战胜失败，超越失败，并且藐视别人的失败。

（2）英语中用物主代词 its，his，their 等代替句中作主语的名词（有时附有修饰语），翻译时往往可以不用代词而重复作主语的名词（有时附有修饰语），以达到明确具体的目的。

例：Each country has its own customs.

译文：各国有各国的风俗。

（3）英语中强势关系代词或强势关系副词 whoever，whenever，wherever 等，翻译时往往使用重译法处理。

例：Whoever violates the disciplines should be criticized.

译文：谁违反纪律，谁就应该受到批评。

（4）为了使翻译明确具体，除了以上提到的一些重复手段，还有一种情况：英语原文中没有重复，翻译时采用一种内容上而非形式上重复的手段。

例 1：He wanted to send them more aid, more equipment and a few more men.

译文：他想给他们增加些援助，增添些装备，增派些人员。

原文中动词 send 没有重复，译文中分别用了"增加""增添""增派"重复同一个内容。

例 2：He was proficient both as a flyer and as a navigator.

译文：他既精于飞行，又善于导航。

原文中的形容词 proficient 没有重复，译文中则用了"精于""善于"两个不同的词语重复同一个内容。

（二）为了强调

为了强调，英语句子中往往重复关键性词语，以给读者留下深刻的印象，英译汉时往往可以采用同样的重复手段。

第一，英语原文中有词的重复，汉语译文中使用同样的重复。

例 1：He wandered about in the chill rain, thinking and thinking, brooding and brooding.

译文：他在凄雨中游荡来游荡去，想了又想，盘算了又盘算。

例 2：It had been a long, long day, it seemed, and we went to bed very sad and exhausted.

译文：那天显得特别长，我们上床时已筋疲力尽，心情坏透了。

第二，英语原文中有词的重复，翻译时可以使用同义词重复。

例：They would read and re-read the secret notes.

译文：他们往往一遍又一遍地反复琢磨这些密件。

（三）为了形象生动

在英译汉时原文中即使没有词的重复，翻译时为了形象生动，有时也可以采用下列手段重复。

1.运用两个四字词语

汉语中有大量的四字词语，这是汉语的一大特点。四字词语的特点是精练，读起来顺口，有节奏感，运用得当可使文字生动活泼，增强修饰效果。为了使译文符合忠实、通顺的标准，译者有时可酌情运用两个意思相同或相近的四字词语，这也可以说是一种重复。

例 1：But there had been too much publicity about my case.

译文：但我的事现在已经搞得满城风雨，人人皆知了。

例 2：He showed himself calm in an emergency.

译文：他在情况危急时，态度从容，镇定自若。

2.运用词的重叠

词的重叠是汉语中常用的一种修辞手段。古代诗词中有许多重叠用词的例子，如"青青河畔草，郁郁园中柳""年年岁岁花相似，岁岁年年人不同""寻寻觅觅，冷冷清清，凄凄惨惨戚戚"等。在散文中也可经常见到词的重叠使用，如人们常把"清楚"说成"清清楚楚"，将"明白"说成"明明白白"。在翻译时，我们也可以适当采用叠词，特别是四字叠词，以使译文生动活泼、通顺达意。

例：Only a very slight and very scattering ripples of half-hearted hand-clapping greeted him.

译文：欢迎他的只有几下轻轻微微、零零落落、冷冷淡淡的掌声。

3.运用四字对偶词组

在陈述一个故事时，我们有时可以用重复动词来表达某一个动作漫长而单调，以表达人物着急、厌恶、激动的心情。

例 1：他们喊呀，喊呀，把嗓子都喊哑了。

译文：They shouted and shouted until they were hoarse.

例 2：我们等呀，等呀，可演员们好像永远不来了似的。

译文：We waited and waited, but the actors, it seemed, never turned up.

有时可用重复副词或形容词的方法。

例 1：她的爱情像一朵红红的玫瑰花。

译文：Her love is like a red, red rose.

例 2：然后，一个很老很老的老头，拄着拐杖走来了。

译文：Then, a man with an old, old face came along, supported on a stick.

二、增译法

英汉两种语言，由于表达方式不同，无法将原文中每一个词转换成译文中对应的另一个词，所以翻译时既可能要转换词类，也可能要增减词量。所谓增译法，就是在翻译时出于意义（或修饰）和句法上的需要增加一些词以便更忠实通顺地表达原文的思想内容。这种方法即许多翻译著作中谈到的增词法。增词不是无中生有地增，而是增加原文中虽无其词而有其意的词。增词的目的是使译文更加通顺流畅，符合目的语的行文习惯。在将英语翻译成汉语时，有时可适当增加一些语气助词；在将汉语翻译成英语时则相反，常要省略原文中的语气助词，而根据英语行文的需要适当增加一些冠词、代词、介词和关联词。

（一）英译汉

1.从语义、修辞的角度增词

为了准确表达原文语义，根据需要增加原文里没有的词，有时是为了再现原文的修辞特征，增加不改变原意的语气词、强调性副词，以使译文意义明确、形象鲜明。

（1）增加表示名词复数的词

汉语名词复数没有词形变化，很多情况下不必表达出来，但要表达指多数人的名词时，可用"们"，如"工人们"，或在名词前加"各位/诸位"；表达事物的复数时可用"若干"等。此外，翻译英语复数名词时还可根据情况，增加重叠词、数词或其他一些词来表达意思，以提高修辞效果。

例1：Flowers bloom in the fields.

译文：朵朵鲜花开满原野。

例2：Every summer, tourists go to the coastal cities.

译文：一到夏季，游客们纷纷涌到海滨城市。

（2）增加表达时态的词

汉语动词没有词形的变化，表达时要靠一些可以表示时间的词。因此，翻译英语的完成时态时常常会使用"曾""已经""过""了"等副词；翻译进行时态时往往用"在""正在""着"等；翻译将来时态往往用"将""就""要""会""便"等。

例：I was, and remain, grateful for the part he played in my release.

译文：我获释多亏他帮忙，对此我过去很感激，现在仍然很感激。

（3）增加语气助词

汉语有许多语气助词，如"的""吧""呢""啊""嘛""吗""啦"

"了""罢了""而已"等。

例 1：Don't take it seriously. I'm just making fun of you.

译文：不要当真嘛！我不过是开玩笑罢了。

例 2：As for me, I didn't agree from the very beginning.

译文：我呢，从一开始就不赞成。

（4）增加量词

英语中数词（包括不定冠词 a/an）与可数名词往往可以直接连用，它们之间没有量词。

例 1：A red sun rose slowly from the calm sea.

译文：一轮红日从风平浪静的海面冉冉升起。

例 2：Into the dim clouds was swimming a crescent moon.

译文：一钩新月渐渐隐没在朦胧的云彩里去了。

（5）增加概括词

英语中的 in short，and so on，etc.等，翻译时可分别译为"总之""等"。

例 1：His novels belong to a great but vanished age. They are, in short, old-fashioned.

译文：他的小说属于一个辉煌但已逝去的时代。一句话，已经过时了。

例 2：Remember to take some paper, a pen, etc.

译文：记住带些纸、笔等。

2.根据句法上的需要增词

英语和汉语的区别，通常概括为前者重形合，后者重意合。英语各语言成分之间的关系是明显的，词与词、句与句之间的连接主要借助于语言手段，比如逻辑词语的连接，语法上的照应、替代、省略等；而汉语各语言成分之间的关系常常是内在的、模糊的、隐含的，主要依靠各成分所含意义的逻辑关系实现连接，句子成分的功能和层次往往处于次要的地位，因此自古以来汉语就有重"神韵""意境"的传统。

（1）增补原文回答句中的省略部分

例：Is this your book? Yes, it is.

译文：这是你的书吗？是的，是我的。

（2）增补原文句子中省略的动词

例：Everything was on a larger scale for him, the highs were higher, and the lows were lower.

译文：他总是喜欢夸大其词，把高的说得更高，低的说得更低。

（3）增补原文比较句中的省略部分

例：Better be wise by the defeat of others than by your own.

译文：从别人的失败中吸取教训胜过从自己的失败中吸取教训。

分析：原文完整的表达应该是"(It is) better to be wise by the defeat of others than (to be wise) by (the defeat) of your own."。

（4）增补原文含蓄条件句中的省略部分

例：We didn't admit it (escape) was impossible. To do so would have been to surrender one of our few hopes.

译文：我们认为越狱不是不可能的。如果认为不可能，那就等于把我们仅存的一点希望也放弃了。

（二）汉译英

1.从语义、修辞的角度加词

（1）增加原文无字面表述但实际含有的意义

例：我们总要相信，全世界也好，中国也好，多数人是好人。

译文：We must believe that in China, as everywhere else in the world, the majority of the people are good.

（2）为了修辞需要加词

把隐于原文字里行间的意思充分表达出来，使读者读译文时就像读原文一样感受到语言美，从而更好地再现原文的内容和风格。

例 1：他就出生在那间斗室里。

译文：It was in that small room that he was born.

例 2：他们早该停止争论了。

译文：It is high time that they should stop their argument.

（3）为了满足英语句子的逻辑要求增词

英语句子各部分之间的逻辑关系严谨，经常会借用相应的形式表示，而汉语结构则比较自由，各部分的逻辑关系经常是隐含的。因此，在将汉语翻译成英语时，需要增加词语，以使分句之间的逻辑关系外显，以免造成语义不清的现象。

例：其实地上本没有路，走的人多了，也便成了路。

译文：For actually the earth had no roads to begin with, but when many men pass one way, a road is made.

译文加上 to begin with（起初，开始时），使上下文逻辑连贯；加上 but when，使英文文理通顺。

2.从语法的角度加词

（1）增补主语

汉语中没有主语的句子有很多，在将汉语翻译成英语时常常根据上下文的需要选择适当的代词、名词或其他具有名词性质的不定式、动名词补作主语。

例 1：沉默啊，沉默啊！不在沉默中爆发，就在沉默中灭亡。

译文：Silence, silence! Unless we burst out, we shall perish in this silence!

例 2：起大风了。

译文：It's blowing hard.

例 3：又要马儿跑得快，又要马儿不吃草，简直可笑！

译文：You want the horse to run fast and yet you don't let it graze. Isn't it ridiculous?

例 4：把钟拆开比把它装起来容易。

译文：It is easier to take a clock apart than to put it together again.

（2）增补冠词

汉语里没有冠词，在将汉语翻译成英语时往往需要增补必要的冠词。

例：火车开得非常缓慢，蝴蝶从窗口飞进又飞出。

译文：The train moved so slowly that butterflies flew in and out of the windows.

（3）增补介词

例 1：公共场合不准吸烟。

译文：Smoking is prohibited in public places.

例 2：你是白天工作还是夜间工作？

译文：Do you work in the daytime or at night?

例 3：她是我任教的那所大学的同事。

译文：She was one of my colleagues at the university at which I taught.

（4）增补关联词

例 1：即使你去了也不会有什么结果。

译文：Even if you go there, there won't be any result.

例 2：丧失了道德，便丧失了一切。

译文：Once virtue is lost, all is lost.

例 3：风太大了，他感到很难站稳。

译文：The wind was so strong that he found it difficult to keep on his feet.

3.从文化背景的角度加词

在文化、语言习惯诸方面，中西方存在着巨大的差异，为了便于外国读者理解，常常进行解释性翻译，如在翻译外国人不熟悉的政治背景、历史事件、历史人物等时，添加一些说明，补充一些背景知识，有时则增加词语，使译文语义完整。

例：凭你有李、杜的文章，颜、曾的品行，却也没有一个人来问你。

译文：You might have the genius of Li Bai or Du Fu and the moral worth of

Yan Hui or Zeng Shen — both of them were disciples of Confucius, no one would ask your advice.

三、减译法

减译法指翻译时省略源语表达形式中目的语不需要或可有可无的语言单位，以使译文言简意赅。原则是"减词不减意"。使用减译法的目的是避免语言冗余、累赘，以使表达更加简洁清楚。

（一）英译汉

为了将英语翻译成完整流畅的汉语，除了要进行一些必要的增补，还需要做一些必要的减省。这样做的目的是使译文简明扼要、通顺。减省常有两种类型：依据语法要求的减省和依据修辞要求的减省。

1.根据语法的需要减词

减词的目的主要是使译文简洁。有语法的原因，如英语复合句中的连词译成汉语时经常被省略掉，或英语的主谓句译成汉语的无主语句；也有词汇的原因，词汇需要重新进行组合搭配；或是意义上的原因。

（1）减去连接词

汉语词语之间的连接词用得不多，其上下文的逻辑关系常常是暗含的，由词语的次序来表达；英语则不然，连接词用得比较多。因此，在将英语翻译成汉语时在很多情况下可不必把连接词译出来。

①减去并列连接词

例：Despite the privation, and the mounting toll of dead and wounded, however, morale remained intact, and people still smile in the street.

译文：尽管供应不足，伤亡增加，然而士气并未受到影响。街上，人们照常面带笑容。

②减去从属连接词

例：We know spring was coming as (because) we had seen a robin.

译文：我们看见了一只知更鸟，知道春天就要到了。

英语因果句中一般用连接词表示原因，而汉语中则往往通过次序来表示因果关系，"因"在前，"果"在后。因此，在将英语翻译成汉语时往往可以把原文中这种连接词减去不译。

（2）减去冠词

英语有冠词，汉语没有冠词。因此，在将英语翻译成汉语时往往可以将冠词减掉。

例1：A teacher should have patience in his work.

译文：当教师的应当有耐心。（减掉了表示类别的不定冠词 a）

例2：The moon was slowly rising above the sea.

译文：月亮慢慢地从海上升起。（减掉了表示独一无二的事物的定冠词 the）

在将英语翻译成汉语时，减去原文中的冠词是一般情况。但在某些场合，冠词却不能减去。

例：He left without saying a word.

译文：他一句话没说就走了。（不定冠词 a 或 an 表示"一"时，不能减去）

（3）减去前置词

一般说来，表示时间和地点的英语前置词译成汉语时，如果在句首，大都可以减掉，出现在句尾则不可减去。

①减去表示时间的前置词。

例：In September, 1996, his parents sent him to the school in the town.

译文：1996 年 9 月，他的父母把他送到了城里的学校。（前置词 in 因在句首，被减掉了）

②减去表示地点的前置词。

例：Now complaints are heard in all parts of that country.

译文：该国各地目前怨声载道。

③同样地，表示地点状语的英语前置词在译文句首时往往可以减去，但在动词后面一般不减掉。

例 1：He stood by the desk.

译文：他站在桌旁。

例 2：I stayed in my brother's house.

译文：我住在弟弟家。

2.根据修辞的需要减词

第一，英语句子中有些短语重复出现，在翻译成汉语时可根据情况做适当的减词。

例：She curtseyed again, and would have blushed deeper, if she could have blushed deeper than she had blushed all the time.

译文：她又行了一个屈膝礼，因为她的脸一直是涨得绯红的，所以现在也不可能涨得更红了。

分析：如果我们把这句译成"……如果她能比她一直涨得绯红的脸涨得更红，她就会涨得更红了"，这样的翻译让人感觉就像叠床架屋，非常啰唆。

第二，根据汉语的习惯，译文中一些可有可无的词可以减掉。

例 1：Man is different from other animals.

译文：人和动物不同。

分析：如译成"人和其他动物不同"就不太符合汉语的表达习惯。

例 2：There was no snow, but the leaves were gone from the trees and the grass was dead.

译文：天未下雪，但已叶落草枯。

分析：译义后半句如果不减词，而译成"树叶从树上落下来，草也枯死了"，就远不如"叶落草枯"简明洗练。

（二）汉译英

1.根据语义表达的需要减词

第一，从英汉词义的关系来看，英汉词汇的语义不是一一对应的关系。如果汉语词汇的语义范围比相应的英语词汇的语义范围宽，在将汉语翻译成英语时需要减词，以便准确传达原文的意思。

例 1：我立志做一个真正的人；我现在终于成了一个真正的人。

译文：I wanted to be a man, and a man I am.

例 2：那饥饿的孩子狼吞虎咽地吃完了饭。

译文：The hungry boy devoured the dinner.

例 3：他蹑手蹑脚走到酣睡中的女儿的床边。

译文：He tiptoed to the bedside of his sleeping daughter.

第二，汉语中有一些名词，既可以用来表达具体的意思，又可用来表达某些范畴，如情绪、现象、事业、情况等。在将汉语翻译成英语时，这类词常常省略，否则就有画蛇添足之嫌。

例 1：对于国民经济各方面的问题，必须进一步考虑。

译文：The various aspects of national economy must be taken into further consideration.

例 2：在他们自愿的基础上，好心地帮他们学习。

译文：Given their willingness, it is our sincere duty to help them study.

2.根据原文修辞上的需要减词

第一，汉语表达中，经常会重复使用一些词、词组以增强文章的气势或澄清语义。这种情况下一般采用省略的翻译策略，使译文符合英语崇尚简洁的行文习惯。

例 1：他们开始研究敌情，分析敌情。

译文：They began to study and analyze the situation of the enemy.

例 2：他的家里很穷，但是他从小就认真读书，刻苦学习。

译文：His family was very poor, but he worked hard at his studies even in early childhood.

例 3：过去我也是相信的。可是现在，我不相信了。

译文：I believed that too, but I don't now.

第二，在将汉语翻译成英语时，由于两种语言的行文习惯和审美视角不同，有时需要适当地增词，以使译文富有文采，从而达到"形似、意似、神似"的效果，而有时则需要减词，如汉语讲究排偶，翻译冗余的排偶时可以省略不译。

例 1：是战士就穿上军装，是学生就戴上红领巾。

译文：A serviceman should wear his uniform, a student his scarf.

例 2：只听见女人在尖叫，小孩子们在欢闹，男人们则静静地立在那儿袖手旁观，饶有兴味地等着看结果。

译文：Women screamed, and kids howled, but the men stood silent, watching, interested in the outcome.

第二节　词类转译法与词序调整法

一、词类转译法

词类转译是指翻译时在保持原文内容不变的前提下，根据译文语言的表达习惯对原文中的某些词语进行词性转换，从而使译文通顺自然。英语词汇和汉语词汇之间不是完全对应的关系。在翻译过程中，有时可以用同类单词直译，但在有些句子中由于英汉两种语言表达方式不同，就不能用"一个萝卜一个坑"的方法来译，必须改变词性，进行词类转换。一般来说，英语用词比较灵活，词的含义范围较广；而汉语用词比较严谨，词义范围相对狭窄。英语表达比较抽象，英语中有大量的抽象名词，而汉语表达则比较具体。因此，无论是在英译汉还是汉译英中，经常需要进行词类转换，这样才能使译文通顺自然。

（一）英译汉

1.转译成动词

汉语句子中的动词比英语句子中的动词多，这是汉语较之英语的一大特点。英语句子中往往只有一个谓语动词，而在汉语句子中则可以有几个动词或动词结构连用。英语中的不少词类（尤其是名词、前置词、形容词、副词）在汉译时往往可以转换成动词，并对其他句子成分做相应调整。反之，汉译英时则常常需要把动词转换成名词。

（1）名词转译成动词

英语中大量由动词派生的名词和具有动作意义的名词以及其他名词往往可以转译成汉语的动词。

①由动词派生的名词转译成动词。

例：There is a belief among parents that schools are no longer interested in spelling.

译文：学生家长普遍认为学校不再对教单词拼写感兴趣。

②含有动词意味的名词（在叙述/描写问题中出现较多）往往可以转译成动词。

例：The sight and sound of our jet planes filled me with special longing.

译文：看到我们的喷气式飞机，听见隆隆的机声，令我特别神往。

③英语中有些加后缀-er 的名词，例如 teacher，worker 等，有时在句中并不指身份或职业，而是具有较强的动作意味，在汉语中没有对应的名词时，往往可以译成动词。

例：I am afraid I can't teach you swimming. I think my little brother is a better teacher than I.

译文：恐怕我教不了你游泳，我弟弟教得比我好。

（2）前置词转译成动词

英语中前置词相当多，其中有些没有动作意味，如表示时间、地点的前置词，翻译成汉语时常常不译，这一点前文已做相关表述，但有时许多含有动作意味的前置词，如 across，past，toward 等，翻译时都可以译成动词。

例 1："Coming!" Away she skimmed over the lawn, up the path, up the steps, across the veranda, and into the porch.

译文："来啦！"她转身蹦蹦跳跳地跑了，越过草地，跑上小径，跨上台阶，穿过晾台，进了门廊。

例 2：Before the nineteenth century, scientists with an interest in the sea were few.

译文：十九世纪以前，对海洋感兴趣的科学家很少。

（3）形容词转译成动词

英语中表达知觉、欲望等心理状态的形容词，在连系动词后作表语时，常常可以转译成汉语的动词。常见的这类形容词有：confident，certain，careful，cautious，angry，sure，ignorant，afraid，doubtful，aware，concerned，glad，delighted，ashamed，thankful，anxious，grateful 等。

例 1：Doctors have said that they are not sure they can save his life.

译文：医生们说他们不敢确定能否救得了他的性命。

例 2：The fact that she was able to send me a message was a hint. But I had to be cautious.

译文：她能够给我带个信儿这件事就是个暗示。但是我必须小心谨慎。

（4）副词转译成动词

英语中的副词在作表语或宾语补足语时也经常可以转译为汉语中的动词。

例 1：This textbook will be out pretty soon.

译文：这本教材很快就要出版了。

例2：She opened the window to let fresh air in.

译文：她打开窗子让新鲜空气进来。

2.转译成名词

（1）动词转译成名词

英语中有很多由名词派生的动词，以及由名词转用的动词，在汉语中往往不易找到相应的动词，这时可将其转译成汉语的名词。

①由名词派生的动词。

例：To them, he personified the absolute power.

译文：在他们看来，他就是权威的化身。

②名词转译的动词。

例：He plugged the hole in the pipe with an old rag.

译文：他用一块旧破布把管子上的那个洞塞住了。

（2）形容词转译成名词

英语中有些形容词和定冠词连用表示某一类人，在将其翻译成汉语时常译成名词。

例1：Robin Hood and his merry men hated the rich as well as loved and protected the poor.

译文：罗宾汉和他的伙伴们痛恨富人，爱和保护穷人。

例2：They did their best to help the sick and the wounded.

译文：他们尽了最大的努力帮助病号和伤员。

（3）副词转译成名词

例：Theoretically, if one business tries to take unfair advantage of its customers, it will lose to competing business which treats its customers more fairly.

译文：在理论上，如果商家试图从顾客那里赚取不义之财，那么就会输给和其竞争的能够更加公平地对待顾客的商家。

3.转译成形容词

词类转译法中，除了以上谈到的转译成动词、名词，还有转译成形容词或者其他词类的，虽不如上面两类那么常见，但也是有规律可循的。

（1）由形容词派生的名词往往可以转译成形容词

例：The pallor of her face indicated clearly how she was feeling at that moment.

译文：她苍白的脸色清楚地表明了她当时的心情。

（2）有些名词加不定冠词作表语或主语时，往往可以转译成形容词

例：As he is a perfect stranger in the city, I hope you will give him the necessary help.

译文：因为他对这座城市完全陌生，所以我希望你能给他必要的帮助。

4.其他词类转译

（1）形容词与副词的互相转译

①英语名词译成汉语动词时，修饰该名词的形容词往往转译成汉语副词。

例：Occasionally a drizzle came down, and the intermittent flashes of lightning made us turn apprehensive glances toward Zero.

译文：偶尔下一点毛毛雨，断断续续的闪电使得我们不时忧虑地朝着零区方向望去。

②由于英汉两种语言表达方式不同,还有一些英语形容词可转译成汉语副词。

例1：This is sheer nonsense.

译文：这完全是胡说。

例2：By dialing the right number, you may be able to select a play, a golf lesson or a lecture in physics, from a library in a remote city, for showing on your home screen.

译文：只要拨对了号码，你就可以在家里的电视机上选看到从远方城市一座图书馆播出的预先录制的一出戏、一堂高尔大球课程,或者一次物理学演讲。

③英语动词译成汉语名词时，修饰该动词的副词往往转译成形容词。

例1：The film *Carve Her Name with Pride* impressed him deeply.

译文：《女英烈传》这部电影给他留下了深刻的印象。

例2：He routinely radioed another agent on the ground.

译文：他跟另一个地勤人员进行了例行的无线电联络。

（2）名词与副词的互相转译

①名词转译成副词。

例：The new mayor earned some appreciation by the courtesy of coming to visit the city poor.

译文：新市长有礼貌地前来访问城市贫民，赚取了他们的一些好感。

②副词转译成名词。

例：He is physically weak but mentally sound.

译文：他身体虽弱，但思想健康。

（二）汉译英

1.汉语的动词转换

汉语是动态的语言，动词的使用频率高，其表达方式往往是"一动"到底。英语是静态的语言，其名词、形容词、介词、副词表达力强，因此在汉译英时经常会把汉语的动词转换成英语的静态词汇。

（1）汉语的动词转换成英语的名词

例1：你可真想得开。

译文：You are really a philosopher.

例2：要把控制人口、节约资源、保护环境放到重要的位置。

译文：Population control, resources conservation and environmental protection should be put in an important place.

（2）汉语的动词转换成形容词

汉语中表达心理状态的动词，如知觉、欲望等，可以用英语的形容词来表达。

例1：我相信他们将打赢这场篮球赛。

译文：I am sure they will win the basketball game.

例2：获悉贵国遭遇地震，我们极为关切。

译文：We are deeply concerned about the news that your country has been struck by an earthquake.

（3）汉语的动词转换成英语的副词

例1：会议结束，他们都回家了。

译文：The meeting was over and they all went home.

例2：请开门让我进来。

译文：Open the door and let me in.

（4）汉语的动词转换为英语的介词。

例1：他反对抽烟和喝酒。

译文：He is against smoking and drinking.

例2：你想象不出他听到这个消息时有多么生气。

译文：You can't imagine how angry he was at the news.

2.汉语的名词转换

（1）汉语的名词转换成英语的动词

这类名词常见的有"特点""印象""目的"等。

例1：本产品的特点是性能可靠，经久耐用。

译文：This product is characterized by its reliable function and durability.

例2：2001年，中国成功地取得了2008年夏季奥运会的举办权。

译文：In the year of 2001, China was selected to host the 2008 Summer Olympics.

（2）汉语的名词转换成英语形容词

例：他的笑容，他和别人握手时那股热情劲儿都到哪里去了？

译文：Where was his smile and hearty hand grasp?

3.其他词类的转换

（1）汉语的副词转换成英语形容词

例：他以前经常来。

译文：He was a regular visitor.

（2）汉语的副词转换成英语介词

例：我早早地来到了店里。

译文：I'm at the shop early.

（3）汉语的形容词转换成英语名词

例 1：独立思考是学习必需的。

译文：Independent thinking is an absolute necessity in study.

例 2：那艘新造轮船的处女航是成功的。

译文：The maiden voyage of the newly-built steamship was a success.

二、词序调整法

英语与汉语分别属于两大不同的语系，在词汇、语法和意义三个方面，两种语言之间存在着许多差异，而这些差异主要表现在词序上。词序是指一个句子中各个成分的先后次序。这一差异主要是由于英、汉语的表达方式和中西方思维习惯不同。例如，英语在时间、地点的表达方式上与汉语不同，英语习惯上由小及大，而汉语则正好相反。比如，汉语说 2000 年 6 月 3 日，英语则表达为"June 3，2000"；汉语说中国广西桂林，英语则表达为"Guilin，Guangxi，China"。

由于英、汉语的词序存在着差异（两者的词序有时也有相同之处），翻译时，我们就不能把汉语的词序照搬到英语译文中去，也不能把英语的词序硬套到汉语译文上，而是必须按照英、汉语的词序习惯，将原文句子各个成分的先后次序做适当的调整，这样我们的译文才能符合英、汉语的表达习惯。下面我们从短语词序和句子中主要成分的位置两个方面来看一下翻译中应注意的词序问题。

（一）短语词序

英语和汉语的许多短语词序是不同的，这主要是由于英、汉语表达习惯不同。如：

Rain or shine, we will have to go tomorrow.

译文：不论晴天还是雨天，我们明天非去不可。

分析：汉语先说"晴天"后说"雨天"，英语则 rain 在前，shine 在后。

1.形容词词序调整

在部分英语固定词组中，单个形容词往往作定语并按习惯放在它所修饰的中心词后，而且当英语中心词用形容词词组修饰时，修饰语也常后置。

例 1：People most difficult to understand are often members of one's own family.

译文：最难了解的人通常就是自己的家人。

例 2：The only trouble was that the parties concerned had sharply different ideas.

译文：唯一的麻烦就是，有关方面的意见截然不同。

例 3：She was carrying a large basket full of flowers.

译文：她提着满满的一大篮花。

2.代词词序调整

例：He is more than a match for me.

译文：我敌不过他。

3.直接宾语和间接宾语词序调整

例：Give your mother the letter.

译文：把信给你母亲。

4.名词词序调整

例 1：In no other way can the matter be explained.

译文：这件事只能如此解释，别无他法。

例 2：He plays basketball very well.

译文：他篮球打得很好。

（二）句子中主要成分的位置

从大的句子结构来看，英、汉语句子中主要成分主语、谓语、宾语的词序基本上是一致的，即多数情况下，主语在谓语之前，动词在宾语之前。

例1：He received the highest score.

译文：他得到了最高分。

例2：The child is lovely indeed.

译文：这个孩子确实可爱。

从以上例子我们可以看出，英、汉语句子中主要成分的语序基本上是一致的。但是定语的位置和状语的位置在英、汉语中有同有异，变化较多，翻译时有时需要做必要的语序调整。

1.定语的位置

（1）单词作定语

汉语的定语通常放在所修饰的中心词前面，但英语则不尽相同，英语单词作定语时，通常都置于所修饰的中心词之前，但在一些特殊的情况下，单词作定语可以甚至必须放在所修饰的中心词之后，译成汉语时则通常要置于中心词之前。

例1：The guests present included a few foreign newsmen.

译文：到场的来宾中有一些外国记者。

例2：He is the greatest poet alive.

译文：他是当今健在的最伟大的诗人。

例3：We must help them in every way possible.

译文：我们要用一切可能的办法帮助他们。

例4：This is the best solution imaginable.

译文：这是能想到的最好的解决办法。

例5：Most of the people singing were women.

译文：那些唱歌的人大部分是妇女。

（2）多个形容词作定语

当一个中心词前有两个以上单词作定语时，英、汉语的排列顺序也有差异，在汉语中，几个定语连用时，习惯上把最能表明事物本质的定语放在最前面，而把表示规模大小、力量强弱的放在后面，英语则恰恰相反，越是能表示事物基本性质的定语越靠近中心词，定语与中心词关系越密切，位置就越接近中心词。如果关系密切的程度难以细分，则按单词长短排列，习惯上短的在前，长的在后。

例 1：这是一条特级的、有图案的国产毛毯。

译文：This is a homemade, superfine, patterned woolen blanket.

例 2：一位矍铄的、白发苍苍的老教授。

译文：An old, hale and white-haired professor.

（3）短语作定语

英语中修饰名词的短语一般放在名词之后，汉语中则放在被修饰的名词之前，但偶尔也有放在后面的，视汉语表达习惯而定。例如：

a topic under our discussion（后置）我们讨论的一个话题（前置）

the students easiest to teach（后置）最好教的学生（前置）

the decimal system of counting（后置）十进制计算法（后置）

2.状语的位置

（1）单词作状语

单词作状语修饰形容词或状语时，在英、汉语中都前置，如：very good（非常好），especially strong（特别强壮），但英语中单词作状语修饰动词时，位置比较灵活，有时放在动词之前，有时甚至放在全句之首，但多数情况下放在动词之后；在汉语中则一般放在动词之前。

例 1：Modern science and technology are developing rapidly.

译文：现代科学技术正迅速发展。

例 2：We have successfully launched dozens of rockets.

译文：我们已成功发射了几十枚火箭。

例3：Sincerely I offer you my apology.

译文：我真诚地向你道歉。

（2）短语作状语

英语中短语作状语修饰动词时，可前置也可后置，译成汉语时，大多数放在被修饰的动词之前。

例1：With a bag of toys and books, we walked across the garden in the gray light of the dawn.

译文：我们提着一袋玩具和书籍，在晨曦中穿过了花园。

例2：We don't eat with chopsticks.

译文：我们不用筷子吃饭。

例3：He was quick to use self-deprecating humor to throw anyone off the scent.

译文：为了迷惑别人，他机灵地说了些自我贬低的笑话。

（3）时间、地点状语的位置比较

英语的时间状语和地点状语在句子中的位置比较灵活，既有地点状语又有时间状语时，一般地点状语在前时间状语在后，汉语中状语则往往在句首或谓语之前，而且通常时间状语位于地点状语之前。

例：我是去年在北京遇见他的。

译文：I met him in Beijing last year.

英语中时间和地点短语状语之间的排列顺序一般都是从小到大，而在汉语中一般都是从大到小。

例1：我于2005年9月考入北京大学法学系学习法律。

译文：I was enrolled to study law in the Law Department of Beijing University in September, 2005.

例2：他们一家住在杭州延安路89号。

译文：They live at No.89, Yan'an Rd, Hangzhou.

第三节　正说反译法与反说正译法

任何民族的思维都有肯定和否定之分，但各自表达肯定和否定的方式却不尽相同，说英语的民族和说汉语的民族也不例外。因此，翻译过程中，英语中有些从正面表达的词或句子，汉语可从反面表达；英语中有些从反面表达的词或句子，汉语又可从正面表达。这就是我们要讲的翻译技巧中的正说反译法与反说正译法。其目的有两点：一是为了符合汉语规范，使汉语得以行文；二是为了表达原文含义，使译文更具文采。在表达否定意义时，汉语的词语都带有明显的否定标志词，如"不""无""非""否"等；而英语表达否定意义的形式则复杂得多，可以使用否定词缀（如 un-，non-，dis-，less），或用形式肯定但意义否定的词、短语或其他结构，所以在翻译时，如何译好英语的否定结构也是一个难题。

一般来说，英语中否定意义的表达方式按语言学家的划分大致上可分为四类：完全否定（full negative）：no，not，none，nothing，nobody，nowhere，neither，nor；半否定（semi-negative）：hardly，scarcely，seldom，barely，few，little，etc.；部分否定（partial ncgative）：not every，not all，not both，not much，etc.；带否定意义的词语（words with negative implication）：fail，without，beyond，deny，miss，exclude，ignorant，refrain，refuse，neglect，absence，instead of，expect，rather than，other than，etc.。翻译时对正反表达方式的处理需要根据具体问题酌情处理。下面是翻译英语否定结构的一般处理方法：

一、英语为肯定式，汉语译作否定式

此种情况主要针对英语中带否定意义的词语。有时候，照字面意思翻译会造成语句不通顺，因此需要正说反译。如：Please keep the fire burning.我们一般不说"请保持火燃烧",而是译作"别让火灭了"。这种方法广泛用于各种词类、短语,甚至句子的翻译中。

例 1: It was beyond his power to sign such a contract.

译文:他无权签订这种合同。

分析:介词 beyond 由"超出"之意转译为"无"。

例 2: Time is what we want most, but what, alas, many use worst.

译文:时间是我们最缺少的,但可叹之至,偏偏许多人最不善于利用。

分析:副词 worst 由"最糟糕"之意转译为"最不善于"。

例 3: The guerrillas would rather fight to death before they surrendered.

译文:游击队员们宁愿战斗到死也不投降。

分析:连词 before 由"之前"之意转译为"(宁可……而)不愿"。

例 4: I dropped medicine and took up physics.

译文:我不再学医,改学物理了。

分析:动词 drop 由"放弃"之意转译为"不再学"。

例 5: The mother said she would let off her son washing the dishes if he could finish his assignment before supper.

译文:这位母亲说,如果她儿子晚饭前能做完作业,就不让他刷碗了。

分析:动词短语 let off 由"放开"之意转译为"不让"。

例 6: He dived into the water fully clothed and rescued the boy.

译文:他没脱衣服就跳进水里救出了那个男孩。

分析:状语 fully clothed 由"全身衣着"之意转译为"没脱衣服"。

例 7: The islanders found themselves far from ready to fight the war.

译文:岛民们发现自己远远没有做好战斗的准备。

分析:短语 far from 在英语中为肯定形式,译为中文的否定形式,意为"远非,完全不"。

例 8: He was 75, but he carried his years lightly.

译文:他 75 岁了,可是并不显老。

分析：carry one's years lightly 转译为"不显老"。

二、英语为否定式，汉语译作肯定式

这种交替转换的情况和前者类似，有时需要反说正译，主要也是为了便于表达。

例 1：Don't lose time in posting this letter.

译文：赶快把这封信寄出去。（不要浪费时间→赶快）

例 2：Some people can eat what they like and get no fatter.

译文：有些人爱吃什么就吃什么，照样瘦。（不长胖→照样瘦）

例 3：He manifested a strong dislike for his father's business.

译文：他对他父亲的生意表现出强烈的厌恶情绪。（不喜欢→厌恶）

例 4：Such flight couldn't long escape notice.

译文：这类航班迟早会被人发觉的。（不能长期→迟早会）

例 5：The post office is at the next corner, you can't miss it.

译文：邮局就在下个路口，你会找到的。（不会错过→会找到）

例 6：He was an indecisive sort of person and always capricious.

译文：他这个人优柔寡断，而且总是反复无常。（下不了决定的→优柔寡断）

三、既可译作肯定式，又可译作否定式

这类情况需根据上下文取其相应的含义，以使译文通顺、流畅。

例 1：She's new to the work.

译文：对这工作她是生手。（这工作她不熟悉）

例 2：He is free with his money.

译文：他花钱大手大脚。（他花钱从不吝啬）

例 3：She realized that she was in trouble.

译文：她意识到自己遇到麻烦了。（她感到自己的处境不妙）

例 4：The station is no distance at all.

译文：车站近在咫尺。（车站一点儿也不远）

例 5：It's no less than a fraud.

译文：这简直是一场骗局。（这无异于一场骗局）

例 6：The handbag was left intact, the money gone.

译文：手提包还在，钱却不翼而飞。（手提包原封未动，钱却不翼而飞）

例 7：The criminal is still at large.

译文：罪犯还未缉拿归案。（罪犯还逍遥法外）

四、英语中的双重否定结构

双重否定句一般来说可译作肯定句，不过，这是一种特殊的强调句式。以 have to（不得不）为例，两个"不"字去掉之后意思不变，但语气强度就差多了。翻译的时候，要根据汉语的语言习惯或保留或译成肯定句，忠实地传达原文的内涵。下面是一些较为典型的双重否定译例。

例 1：There is no rule that has no exception.

译文：任何规则都有例外。（没有不例外的规则）

例 2：There is not any advantage without disadvantage.

译文：有一利必有一弊。（没有缺点就没有优点）

例 3：There is no smoke without fire.

译文：无风不起浪。（有烟必有火）

例 4：It never rains but it pours.

译文：祸不单行。（不雨则已，雨必倾盆）

例 5：It is impossible but that a man will make some mistakes.

译文：人总会犯错误。（人不可能不犯错误）

例 6：Fish cannot live without water.

译文：鱼离不开水。（鱼没有水就不能生存）

例 7：They do not deny that their work leaves many shortcomings.

译文：他们并不否认（他们承认）他们的工作有许多缺点。

例 8：But for your help, they should not have finished it on time.

译文：要不是你们帮忙，他们是不会按时完成的。

五、否定的转移

英语动词 think，believe，suppose 等否定结构，在译成汉语时，须将否定的部分由句子前面移到后面，这就叫作"否定的转移"。其语法特征是否定词虽然和谓语在一起，而否定范围却不算谓语成分，而是转移为后面的状语。

例 1：I don't think we need waste much time on this.

译文：我想我们不必在这上面浪费太多时间。

例 2：She doesn't believe that such things matter much.

译文：她认为这样的事情无关紧要。

例 3：The engine didn't stop because the fuel was finished.

译文：引擎并不是因为燃料耗尽而停止运转的。

例 4：Don't talk with your mouth full of food.

译文：不要嘴里含着食物说话。

第三章 跨文化视角下的
英语翻译技巧

第一节 英语词汇的翻译技巧

一、翻译中的选词

词是构成短语、句子、段落和篇章最基本的单位。为了使翻译文本精确通顺，译者必须选择与原文最为贴切的译文表达。因此，选词就成为重要的一步。

某个单词的意思不仅仅是其在字典当中的解释，更重要的是它在语言中具体应用的含义。字典释义大多只是单词外延意义的记录，通常并不能给出其具体内涵。同一个单词在不同的上下文中，就成为另一个新的单词。翻译初学者通常生硬地遵照两种语言字面上的对应关系，却忽略了其上下文中的一致。因此，翻译时，译者必须认真考虑原文中某个单词或短语的实际意思，然后选择目的语中最恰当的词语来表达。

（一）选择情感意义

情感意义是指语言所传达的关于作者情感、态度方面的意义。作者的立场观点、语气语调在语言上都会有所体现，译者在翻译时必须注意措辞。通常词句在语言中有三种情感意义：褒义（positive），中性（neutral）以及贬义（derogatory）。对于原文本身就含有褒贬意义的，应该把褒贬意义表达出来；

而对于那些本身似为中性的词汇，就必须根据上下文判断其褒贬，从而做出合适的转换。下面主要通过例子来进行解释和分析。

1.英文褒贬义，汉译褒贬义

例1：He is a highly successful student with a brilliant academic record.

译文：他是一个学业出众的高才生。

分析：原文中的 successful 和 brilliant 都是褒义词，而且句子本身传达的是积极含义。因此，译成汉语时应该选择同样带有褒义的词汇"高才生"与"出众"，来表达作者的正面态度。

例2："You chicken!" he cried, looking at Tom with contempt.

译文：他轻蔑地看着汤姆大声说道："你这个胆小鬼！"

分析：英文的 chicken 用来指人时，通常形容某人缺乏勇气，胆子很小，在口语中更是如此。

2.英文中性，汉译择褒或择贬

例1：He gets aggressive when he's drunk.

译文：他喝醉了就喜欢寻衅滋事。

例2：A salesman must be aggressive if he wants to succeed.

译文：推销员如要成功，必须有闯劲。

分析：aggressive 既有"好斗的"之意，又有"执着的"内涵，如何选择其义，关键在于其所在句子表达的到底是褒义还是贬义。上面两个例句正好说明了这个英文单词相对的两种含义。

（二）选择引申意义

由于英汉两种语言在词语搭配及语境使用上存在许多差异，英译汉时总有些词或词组难以按照字面意义进行直译。为了使译文通顺达意，需要将原文的词义加以引申。引申意义的得出必须依据上下文的内在联系和逻辑关系，使用符合汉语习惯的方式将原文的深层意义表达出来。词义的引申一般可以通过抽象译法、具体译法和转换译法这三种方式来实现。

1.抽象译法

当英文原文用具体事物来表达某种抽象概念或特性时，尤其是用到那些带有强烈西方色彩的词汇，有时可以将其词义从具体引向抽象，从特殊引向一般，从局部引向概括，这样完成由"实"到"虚"的过程，使得译文更符合汉语的表达习惯。

例1：Every life has its roses and thorns.

译文：每个人的生活既有甘甜，又有苦涩。

分析：原文中的 roses 和 thorns 分别为"玫瑰"和"棘刺"，是十分具体的事物。但在本句里面，却是指代生活当中会遇到的不同体验和感觉。因此，需将原文带有具体意象的词语进行抽象化处理，将其译为"甘甜"与"苦涩"。

例2：Arabs rub shoulders with Jews, and have been doing so from the earliest settlement of the territories.

译文：阿拉伯人和犹太人生活在一起，而且从这些地区最初有人居住时就一直如此了。

分析：例句中的 rub shoulders with 字面意思为"与某人擦肩"，属于生活当中具体的动作行为。而在本句中，这层意思必须进行延伸，才能体现原句所要表达的两个民族人民长期相处的深层含义。

例3：When I go around on speaking engagements, they all expect me to assume a Quaker-Oats look.

译文：我应邀外出演讲时，他们都指望我摆出一副毫无表情、一本正经的面孔。

分析：Quaker-Oats 是欧美一种有名的麦片商标，商标中画的老头模样毫无表情，因为中文读者对此不熟悉，所以不能直接翻译成"像麦片商标中老头那样的表情"，而应该虚译。

2.具体译法

有时，当英文原文本身就是某种抽象概念或特性时，同样为了使其译文符合汉语表达习惯，则可以将原文中抽象、含蓄或者是朦胧的词义从抽象引向具体，从一般引向特殊，从概括引向局部，完成由"虚"到"实"的转换，以更贴近汉语读者的阅读习惯。

例 1：He is a valuable acquisition to the team.

译文：他是该队不可多得的一名队员。

分析：acquisition 意为"获得"或"得到"，如若直接按照字面翻译，就可能会翻译成"他是该队宝贵的一种获得"。从汉语角度去考虑，这句话明显是不通顺的。因此，将该词词义具体化，从而得出上述译文。

例 2：The Great Wall is a must for most foreign visitors to Beijing.

译文：对于大多数去北京的外国游客来说，长城是一处必去的景点。

分析：该句中的 must 是名词，如果只翻译成"必须"，句意不完整，不利于读者理解。因此，应该通过释义手段，将词义具体化，使译文流畅。

3.转换译法

有时某个英文单词或词组的译文实在无法通过直译或意译来得出，或者翻译出来的译文不符合汉语表达习惯，此时，在保证原文意思不变的情况下，可以转换思维，重组原文的表层形式，转换角度或选用地道的中文进行翻译。

例 1：No difficulty can break the iron will of the Chinese workers.

译文：任何困难都动摇不了中国工人的钢铁意志。

分析：本例中，和"意志"搭配的汉语动词显然不能采用 break 的字面意思"折断"，这时，就必须进行转换，选择"动摇"来与"意志"进行搭配，从而使译文较为通顺流畅。

例 2：It is a project that answers many purposes.

译文：这是一项适应多方面需要的工程。

分析：answer 一词若照搬字面意思直接译成"回答"，和后面的宾语 purpose 无法形成合理通顺的搭配，只有通过转换，才能得出符合汉语习惯的译文。

二、名词的翻译

（一）专有名词

英语专有名词包括人名、地名、国名、机构名称等，在翻译英语专有名词时，有些问题需要注意。

例 1：The Einsteins, however, could not afford to pay for the advanced education that young Albert needed.

译文：然而，爱因斯坦的父母无力负担年轻的阿尔伯特深造所需要的费用。

分析：上例中 Einstein 是姓，Albert 是名。英语中定冠词＋人名的姓＋s，用来指父母、夫妇、兄弟姐妹或是全家人。The Einsteins 指的不是阿尔伯特•爱因斯坦本人，而是指爱因斯坦的父母。

例 2： The search went on in Europe, in the Americas, in India, in China, in Africa.

译文：探索工作继续在欧洲、南北美洲、印度、中国、非洲进行。

分析：我们知道 America 是指"美国"或"美洲"。在上例中定冠词加上 America 的复数，我们就应注意了，它是南美洲和北美洲的统称。

（二）普通名词

英语普通名词有可数和不可数之分，其中有些普通名词既可作可数名词，又可作不可数名词，但意义不尽相同。

1.单数与复数

例 1： Please give me a piece of paper.

译文：请给我一张纸。

例 2： Where's today's paper?

译文：今天的报纸在哪里？

例 3：He read a paper at a medical conference on the results of his research.

译文：他在一次医学会议上宣读了一篇关于他的研究成果的论文。

例 4：Immigration officials will ask to see your papers.

译文：移民局的官员将要求你出示证件。

例 5：She spent the evening marking examination papers.

译文：她整晚都在批试卷。

分析：从上面的例子可以知道，paper 用作单数时可以作"纸"解，作复数时可以作"报纸""论文""证件""试卷"解。

再如 people 和 peoples 都是可数名词，但加 s 与不加 s 意义上有所不同，people 作"人民""人们"解，但 peoples 作"各国人民""各民族"解。因此，在英译汉的过程中，除了要辨别单复数的词义，还要结合不同的语境去理解具体词义。

2.可数与不可数

例 1：One recent use of radar was in the determination of the distance to the moon.

译文：雷达最近的一种用途是测定到月球的距离。

例 2：This chemical has a wide range of industrial uses.

译文：这种化学制品在工业上用途广泛。

分析：上两例中，use 受数词 one 修饰或使用复数形式，是可数名词，应译为"用途"。而 use 作不可数名词时，却应解释为"使用"，如：A room for the use of doctors only.只供医生使用的房间。

3.复数

例 1：Men and nations working apart created these problems; Men and nations working together must solve them.

译文：人们之间和国家之间离心离德产生这些问题，人们之间和国家之间同心协力必定能解决这些问题。

分析：此例中 men 与 nations 都是复数名词，如果单单译为"人们"和"国家"，不合原意，并且还容易被误解为"人们同国家之间离心离德"。原文中 men 指的是"人与人之间"，nations 指的是"国家与国家之间"，因此在翻译时应在"人们"和"国家"后面分别补充"之间"一词，否则便会产生误译。

例 2：The primary task of contrastive analysis must be the comparison of rules and rule systems and not of the structures determined by them.

译文：对比分析的主要任务必然是规则之间和规则体系之间的比较，而不是规则和规则体系所决定的结构之间的比较。

分析：上例中若将 the comparison of rules and rule systems 译为"规则和规则体系的比较"，就容易使人误解为"规则同规则体系之间的比较"。句中 rules 和 rule systems 都是复数，指的是"规则与规则之间（的比较）"以及"规则体系与规则体系之间（的比较）"，因此在译成汉语时，应在"规则"和"规则体系"后增加"之间"，后半句中的"structures"也是复数，应同样译为"结构之间"。

（三）动作名词

1.带否定含义的动作名词

英语中有少数动作名词，如 failure（后接动词不定式），absence 等，带有否定含义，一般可译成汉语"不""没有"等，但是有时它们容易被误解为一般抽象名词，译为"失败""缺席"等。

例 1：His failure to come that evening was due to ill health.

译文：他那天晚上没能来是因为身体不舒服。

分析：failure 用作一般抽象名词时可译为"失败"，如 Failure is the mother of success. "失败是成功之母"，但是在上例中，failure 不能译为"失败"，因为它后接动词不定式 to come，用作动作名词，相当于 to fail to come，理解为 to be not able to come，译为"没能来"。

例 2：Why does he say nothing about the total absence from his list of poems about future?

译文：他开列的单子中根本没有关于未来的诗歌，对此他为什么只字不提？

分析：上例中 absence 用作一般抽象名词时可作"缺席""缺乏"解，但用作动作名词时应译为"没有"，此句中 absence...poems 不宜译为"缺少诗歌"，应译为"没有诗歌"。

2.动作名词的复数

英语动作名词一般不加 s，加了 s 含义就不同了。如 the trouble of translation，译作"翻译的难处"，而 translations of British Literature 则译为"英国文学译作"；前者 translation 指翻译这项活动，而后者的 translations 则指具体作品。因此，动作名词加了 s 往往指动作的具体结果。

例：Because of those economies, many of our most important new projects in other fields became possible.

译文：由于采取了这些节约措施，我们在其他方面的许多最重要的新工程才得以实施。

分析：上例中 economies 的单数形式是 economy，可作"经济""经济制度"，也可作"节约"解释，在这里，economy 是"节约"的意思，因为是复数形式，作具体的"节约措施"解，而不能译为"经济"。

3.抽象名词

我们这里所说的抽象名词主要是指表示状态或其他抽象概念的名词。英语中有些抽象名词如 desirability，utility，advisability 等，特别是这些词放在 question，ask 这类动词后面，可分别译为"是否可取""是否有用""是否妥当"等。

例：Asked about the advisability of allowing a fire at all so near to buildings, Mr. Banks pointed out that there was no other open space available.

译文：当人们问到在如此靠近建筑物的地方烧火是否妥当时，班克斯先生指出，当时没有其他露天场所可供使用。

分析：上例中抽象名词 advisability 用在 asked about 之后，译为"是否妥当"比译为"妥当性"更能确切地表达原意，更符合汉语的表达习惯。

三、冠词的翻译

冠词是虚词的一种，没有独立的意义，只能依附在名词之前，包括不定冠词"a/an"和定冠词"the"。与汉语不同，英语冠词的存在非常广泛，含义也很丰富。不定冠词"a/an"与数词"one"同源，表示"一个"；定冠词"the"与"this"和"that"意思相近，表示"这个，那个"，只是指示程度比较弱。

一般说来，不定冠词泛指某个事物或人，而定冠词则是特指一个或几个事物或人。而汉语的名词前面是没有冠词的，名词本身也没有明确泛指或者特指的概念。因此，在英汉翻译的时候，要根据具体的语言环境决定如何处理名词前面的冠词。

例 1：You should take the medicine three times a day.

译文：你应该一天吃三次药。

例 2：You'd better take some medicine.

译文：你最好吃点药。

例 3：Pass me the salt.

译文：把盐递给我。

例 4：Please give me some salt.

译文：请给我点盐。

另外，英语的专有名词、抽象名词和物质名词前一般不加冠词。但需要注意以下情况中，加冠词和不加冠词之间意义的区别：

例 1：Do you like the music?

译文：你喜欢这音乐吗？

例 2：I have passion for music.

译文：我酷爱音乐。

例 3：He took the advice immediately.

译文：他立刻接受了这个建议。

例 4：Good advice is beyond price.

译文：忠告乃无价之宝。

在英汉翻译中，英语冠词的翻译一般涉及如下情况。

（一）冠词的省译

由于不定冠词后面所跟的名词通常是前文没有出现过的人或物，一般来说省译得相对较少；而定冠词后面的名词大多数都是之前出现过的，很多时候都被省略了。

例：A man came out of the room.

译文：一名男子从屋里走了出来。

分析：汉语名词本身没有指示单复数的作用，因此需要用数量词表示出来。上面这个句子中的"a man"翻译成了"一名男子"，应当是前文中没有提到过的人物，或者讲话参与者所不知道的人，因此不定冠词被翻译出来了，而"the room"表示的是大家都知道的房间，所以定冠词"the"就省略了。

也有一些情况是省略不定冠词的：

例：I haven't got a thing to wear.

译文：我没有衣服可穿。

分析：原文中的不定冠词"a"没有翻译出来，直接与前面的"haven't got"融合，译为"没有衣服"。

（二）冠词的直接翻译

英语的冠词，在一些情况下是必须翻译出来的。

例 1：He died on a Monday.

译文：他是在一个星期一去世的。

分析：这个句子中的"a"表示"某个"，并不是所有星期一中的随意一个，而说者由于不确定死者去世的时间具体，用"Monday"表示一个比较模糊的时间概念。如果省略了"a"，变成"他是在星期一去世的"，意思就和原句相去甚远了。

例 2：The news made her all the sadder.

译文：这消息让她更加悲伤。

分析：定冠词"the"用在"all"与形容词比较级之间，表示"更加"，因此在译文中这个定冠词是与其搭配词的语义融合在一起的；而"the news"当中的定冠词表示"她"当时所听到的那一则特定的消息，所以在译文中翻译为"这"表示强调。

四、连词的翻译

（一）and

一般来说，连词 and 在连接两个或两个以上处于并列关系的名词、代词等情况下，通常被译为"和""与""以及"等，如 you and me "我和你"；*Pride and Prejudice*《傲慢与偏见》；China, India and other countries in the region "中国、印度以及该地区的其他国家"。然而，and 除了作"和"解，还包含许多其他意义，下面分别举例加以说明：

（1）连接两个或两个以上动词

当 and 连接两个或两个以上动词时，有时可以省略不译，有时可译为"接着""然后"等。

例 1：The goalkeeper places the ball, runs up and boots it well up field to the outside-left.

译文：守门员把球放在地上，跑上去飞起一脚，球越过中线，传给了左边锋。

分析：原句中 and 连接 place、run up 和 boot 三个表示先后紧接着发生动作的谓语动词，译成汉语时应当省略，而不能译为"和"或"以及"。

例 2：Because of those measures, we weathered the storm and moved on into calmer waters.

译文：由于采取了那些措施，我们经受住了风暴，接着进入了比较平静的海域。

分析：上例中 and 连接 weather 与 move on 这两个动词虽然不是表示紧接着发生的动作，但也不是表示中间相隔较长一段时间发生的动作，这里的 and 可译为"接着"。

（2）连接两个或两个以上短语或从句

当 and 连接两个或两个以上短语或从句，除可译为"后来""随即""就"外，还可译为"并且""又是"等，有时也可省略不译。

例：Further to the west, at a point where the river was fordable, an abbey — the Abbey of Westminster was founded, and two towns grew up side by side — one centered on the Roman camp, and the other on the Abbey.

译文：西边稍远，在河水浅得可以涉水而过的一个地方造了一座大教堂，即威斯敏斯特教堂。后来两城并肩崛起，一个以罗马人的营地为中心，另一个则以大教堂为中心。

分析：上例中第一个 and 连接 an abbey…was founded 与 two towns grew up side by side 两个并列句，句中所叙述的"造教堂"和"城镇兴起"这两件事相隔至少一段时间，这种含义的 and 可译为"后来"；第二个 and 连接两个短语，可省略不译。

（3）表示目的、条件等含义

例 1：Another opportunity for the three kingdoms to join and oppose was lost.

译文：这三个王国又错过一次联合起来进行对抗的机会。

分析：上例中，如把句中的 to join and oppose 译为"联合和对抗"就没有真正理解 and 在这里的含义。句中连接 to join 和（to）oppose 的 and 表示的不是并列关系，而是表示目的；to join and oppose 相当于 to join to oppose，意思是"联合的目的在于反抗"，这种表示目的含义的 and 译成汉语时一般也可省略不译。

例 2：Take a look at our village and you will see what changes these five years have brought about.

译文：看看我们这个村子，你就知道五年来发生了哪些变化。

分析：上例中的 and 前是祈使句 Take a look，后面是 you will…brought about，这种用法的 and 表示条件含义，原句相当于 if you take a look, you will see，这里的 and 可译为"就"，而不能译为"以及"。

and 还有一些其他的含义，如 These apples are good and ripe，不能译为"这些苹果又好又熟"，应译为"这些苹果熟透了"，这里的 good and 相当于一个副词，作 very 解。句中的 good and ripe 解释为 ripe，因此译为"熟透了"。又如 It is nice and warm by the fire，应译为"在火边很暖和"，其中 nice and 与 good and 一样，也作 very 解。再如 knife and folk，译为"一副刀叉"；又如 needle and thread，不译为"一枚针和一根线"，应译为"穿了线的针"。

（二）or

一般情况下，我们习惯于把 or 理解为"或者"，如 We usually watch TV or take a walk after supper，这句中的 or 相当于汉语的"或者"，全句可译为"晚饭后我们通常看电视或散步"。但除此之外，连词 or 还有其他的含义，译法也较灵活。

1.在肯定句中的含义与译法

例 1：The X-ray or post-mortem examination reveals many broken bones.

译文：无论是 X 光检查还是尸体解剖，都表明许多骨头已经折断。

分析：上例中 the X-ray or post-mortem examination 相当于 whether it is the X-ray or postmortem examination，因此译为"无论是……还是……"比译为"X 光检查或尸体解剖……"更加切合原意。

例 2：Black tea, or red tea as called in China, is now exported in large quantities to European countries.

译文：黑茶，即中国人说的红茶，现在大量出口到欧洲各国。

分析：上例中 or 所连接的两个部分是同一个事物，"黑茶"即"红茶"，只是名称不同而已，指的是同一个东西。这里的 or 是种同位语用法，可译成汉语的"即""也就是"等，若译为"或者"则容易引起误解。

例 3：Hurry up, or you'll be late.

译文：赶快，否则你要迟到了。

分析：上例中的 or 连接两个并列句，作 if not 或 otherwise 解，可译作"否则"，or 后可接 else。

2.在否定句中的含义与译法

or 用于否定词 not、no 等后面，不宜译为"或者"，否则会引起误解，可译为"不""也不"，有时则可译为"和"。

例 1：If there were no such things as gravity, you could not run or jump rope or swim or drink an ice cream soda.

译文：要是没有地球引力，我们就不能奔跑、（不能）跳绳、（不能）游泳，也不能喝一杯冰激凌苏打。

分析：上句中 or 用于 not 或者其他否定词后面时作 and not 解，例句中的前两个 or 译成汉语，可在"跳绳""游泳"前面重复"不能"，也可以省略，但是第三个 or 宜重复"不能"。

例 2：The moon has no seas, lakes or rivers or water in any form. There are no forests, prairies or green fields and certainly no towns or cities.

译文：月球上没有海、湖和河，也没有任何形式的水；没有森林，草原和绿色田野，当然也没有城镇和城市。

分析：上例中有四个 or 和 no 连用，但都不宜译为"或者"，其中除了 or water in any form 中的 or 应译为"也没有"，其他三个 no 后面的 or 都可译为"和"。

（三）more…than

more…than 一般译为汉语的"比……多"或"超过"，这样的译法在有些情况下是正确的。但除此之外，more…than 还有一些其他的用法，下面分别举例加以说明。

（1）作 rather…than 解，可译为"与其说……不如说"

例：It seems that the so-called division between the pure scientist and the applied scientist is more apparent than real.

译文：看来纯科学家和应用科学家之间所谓的界限，与其说是实际存在的，不如说是表面的。

分析：上例中的 more apparent than real 不是形容词的比较级，不能译为"比实际更明显"，因为这里的 more…than 连接两个相应的成分，作 rather than 解，可译为"与其说……不如说……"。由于英语 more…than 肯定 than 前面的 apparent，而汉语"与其说……不如说……"肯定后面的"不如说"，所以 than 前后的两个词译成汉语时要互换位置。

（2）作 not 解，可译为"不"

例：The traveler entertained his host with stories, some of which were really more than could be believed.

译文：这个旅客讲了一些故事给他的主人听，其中有些简直不能令人相信。

分析：上例中 more than could be believed 应译为"不能令人相信"，这里的 more than 作 not 解。这种作 not 解的 more than 多半后接 can 或 could 构成谓语动词。

（3）作 not only 解，可译为"不只""不仅仅"

例：Peace is more than the absence of war.

译文：和平远远不只是意味着没有战争。

分析：上例中 more than 作 not only 解，不宜译为"超过（没有战争）"，应译为"不只是"。这里的 much 用来强调 more than，可译为"远远"。

五、代词的翻译

代词，也就是代替名词的词，可以分为人称代词（personal pronouns）、物主代词（possessive pronouns）、自身代词（self pronouns）、相互代词（reciprocal pronouns）、指示代词（demonstrative pronouns）疑问代词（interrogative pronouns）、连接代词（conjunctive pronouns）关系代词（relative pronouns）、不定代词（indefinite pronouns）。代词在句子当中起着名词的作用，也可以作为主语、宾语、表语、同位语等。

英汉两种语言中，代词的用法有相似之处又有不同的地方。汉语代词一般包括人称代词、指示代词和疑问代词，而英语代词则多了名词性代词（mine，his，hers，ours，yours，theirs，its）、关系代词（that，which，when，where，who）和连接代词等。

英语中使用代词的频率更高，指代关系比汉语更加明确，而汉语则倾向于重复人名或称谓，避免指代关系上的混乱。因此，在英译汉的时候，一定要弄清楚英语代词的指代关系，翻译出的汉语要适当减少代词的使用，使译文读起来更流畅、更符合汉语行文的习惯。另外，英汉翻译中，只要不影响读者理解指代关系，代词都应当省略不译。有时，为了让汉语读者明白原文中的指示关系，还需要将代词还原为所指代的名词。

例：Harmony is about seven meters long and about four meters wide. It will be a passageway between the laboratories and the rest of the space station.

译文：和谐号船舱约 7 米长、4 米宽，这将会成为空间站实验室和其余部分之间的过道。

分析：这个例子当中，"It"指代的是前文出现过的"Harmony"，由于前后两个句子的主语是一样的，所以合并为一个句子翻译出来，更利于读者阅读和理解。

第二节　英语句子的翻译技巧

一、从句的翻译

（一）名词性从句

所谓名词性从句，顾名思义就是名词成分用从句来代替，如主语从句、宾语从句、表语从句、同位语从句。

1.主语从句

（1）主语部分由从句代替

通常从句部分是疑问分句或陈述分句，如果是疑问分句，语序是陈述语序，此时翻译成汉语可按原文的正常顺序。

例1：Whatever form is used by the majority of educated speakers or writers is correct.

译文：大多数受过教育的人说话和写作所使用的语言形式是正确的。

分析：虽然这句话的主语表面上看起来是一个特殊疑问句，但在翻译时我们可采用陈述语气。

例2：Where she spends her time is none of your business.

译文：她去哪消磨时间不关你的事。

分析：where 引导的从句翻译时可以直接译出。

（2）由 it 作形式主语的主语从句

这种情况下，主语从句是否需要提前译，要视情况而定。

例1：It has been estimated that the weight of all the insects destroyed by spiders in Britain in one year would be greater than the total weight of all the human beings in the country.

译文：据估计，在英国一年中蜘蛛所消灭的害虫的重量要比所有英国人加在一起的体重还要重。

分析：这句话真正的主语从句过长，所以不提前译，先译 it 作形式主语的部分，it 也没有强调，故不需译出。

例 2：It is curious to consider the diversity of men's talents, and the causes of their failure or success.

译文：人各有天分，各人成败的原因也不同。人们对这些问题的思考都透着一分好奇。

分析：这句话真正的主语从句比较短，所以可以提前翻译。文中没有明确的主语，故 it 需要译出，但没有具体所指，所以可以泛泛地翻译。

例 3：It is more important that each kind of wine should be served at whatever the right temperature was for it.

译文：这一点对酒来说更显得重要。每个品种的酒，都应该以合适的温度饮用或储存。

分析：此句主语从句不提前翻译，it 需要译出。

例 4：It is impossible to make more than the wildest guess at how many they kill, but they are hungry creatures, not content with only three meals a day.

译文：它们消灭了多少昆虫，我们简直无法猜测，它们是吃不饱的动物，不满足于一日三餐。

分析：此句主语从句提前翻译，it 不需要译出。

2.宾语从句

由 what，that，how 引导的宾语从句在翻译时不需要改变句序，也就是通常所说的顺译法。

例 1：I told him that because of the last condition, I'd have to turn it down.

译文：我告诉他，由于最后一个条件，我只得谢绝。

例 2：The sagas of these people explain that some of them came from Indonesia about 2000 years ago.

译文：当地人的传说告诉了人们：其中有一部分是约在 2000 年前从印度尼西亚迁来的。

3.表语从句

表语从句的翻译比较简单，一般按照原文的顺序翻译即可。

例1：The result would be that the representation of sensations and memories would be confined to smallish, discrete areas in the left hemisphere, while exactly the same input to a corresponding area of the right side would form a sprawling even impressionistic, pattern of activity.

译文：其结果往往是，感知和记忆的表现总是限于左半脑中较小且离散的区域，而进入右脑的相应区域的完全相同的输入则总是形成一种散开的甚至印象式的活动模式。

例2：Perhaps the most commonly voiced objection to volunteer participation during the undergraduate years is that it consumes time and energy that the students might otherwise devote to "academic" pursuits.

译文：反对在大学期间参加志愿者服务的最普遍的看法是社会服务占去了学生的时间和精力，原本学生可以利用这些时间去做学术研究。

4.同位语从句

所谓同位语从句，是对句中的名词或代词做出进一步的解释。

例：Furthermore, it is obvious that the strength of a country's economy is directly bound up with the efficiency of its agriculture and industry, and that this in turn rests upon the efforts of scientists and technologists of all kinds.

译文：再者，显而易见的是一个国家的经济实力与其工农业生产效率密切相关，而效率的提高则又有赖于各类科学家和技术人员的努力。

（二）定语从句

定语从句也被称为形容词从句，在句中作定语，修饰一个名词或代词，在句法结构上属于次要成分，但由于使用范围很广，因此比较重要。英语中的定语从句主要分为两类：限制性定语从句和非限制性定语从句。汉语中没有类似英语中定语从句的结构，在翻译过程中，要灵活处理、善于变通。灵活处理和善于变通的度也就关乎原文和译文结构调整的量。无论采用何种办法，都要遵循译入语的表达习惯，不断增强译文的可读性。

1.限制性定语从句

限制性定语从句对所修饰的先行词有限制的作用，两者之间的关系非常紧密，定语从句与先行词之间不用逗号分隔。一般说来，这类句子多采用把定语从句提前的方法来翻译。

（1）前置法

前置法是定语从句的常用翻译方法之一，是指在翻译过程中将定语从句调整到中心语的前面，形成汉语中前置定语的结构。前置法通常把原句翻译成"……的……"的偏正结构。

例1：You are the only person that can help me.

译文：你是唯一能帮助我的人。

例2：The question that worries us is how long the water can last.

译文：我们都担心的问题是这些水能维持多久。

例3：Last night I saw a very good movie that was about a lovely Samoyed dog.

译文：昨晚我看了一部关于一只可爱的萨摩耶犬的电影。

例4：A child whose parents are dead is called an orphan.

译文：父母双亡的孩子被称为孤儿。

一般说来，使用前置法翻译的定语从句具备这样的特点：其定语结构比较简单，字数较少。如果定语从句结构比较复杂，尤其出现较多的修饰成分时，多采用重复后置法来翻译，这样做是为了避免译文冗长杂糅，也符合汉语的表达习惯。

（2）重复后置法

重复后置法是针对那些字数较多、结构较复杂的定语从句的一种有效的翻译方法。所谓重复后置法是指先重复翻译先行词，然后将定语从句译成并列的后置分句，不调整到中心语前面。

例1：A province is composed of cities that are composed of towns.

译文：省是由城市组成的，而城市又是由集镇组成的。

例2：Small wonder then that more scientists are visiting the region to acquire new knowledge that will help us to have a better understanding of the earth as a whole.

译文：难怪现在越来越多的科学家前往该地区以获得新知识，这些知识将有助于我们更好地了解整个世界。

（3）融合法

融合法是另一种翻译定语从句的方法，是指把主句和从句融合成为一个新的句子。具体来讲，是把英语中的主句处理为汉语中的主语部分，把英语中的定语从句处理为汉语中的谓语部分，构成一个新的汉语句子。这种方法尤其适用于 there be 句型中的定语从句的翻译。

例1：There is nothing that does not contain contradiction.

译文：没有什么事物是不包含矛盾的。

例2：There is a boy on the phone who wants to speak to you.

译文：电话里有个男孩要和你说话。

例3：There are many people who want to see the panda from China.

译文：许多人想看这只来自中国的熊猫。

例4：The boy who was crying as if his heart would break said that he was very hungry.

译文：那个哭得撕心裂肺的男孩说他太饿了。

2.非限制性定语从句

非限制性定语从句与主句的联系相对没有那么紧密，多起解释或补充说明的作用。翻译这类定语从句，也需根据实际情况，采用前置法或重复后置法。与限制性定语从句有些不同的是，由于非限制性定语从句中主从句相对较为独立，因此有时可以采用重复后置法把主句和从句译成两个独立句。

例 1：The Fleher Bridge in Germany, which was opened to traffic at the end of 1979, is a classic example of a cable-stayed bridge.

译文：德国 1979 年底建成通车的佛莱尔大桥是悬索桥的典型。

例 2：He liked his younger sister, who was warm and pleasant, but he did not like his elder brother, who was aloof and arrogant.

译文：他喜欢热情友好的妹妹，而不喜欢冷漠高傲的哥哥。

例 3：The disease AIDS is not the same thing as the AIDS virus HIV, which can lead to the disease.

译文：艾滋病与艾滋病毒不是一回事。艾滋病毒可导致艾滋病。

例 4：The chairman had talked to the CFO Mary, who assured him that the financial problem could be well solved.

译文：董事长和财务总监玛丽谈过话。玛丽向他保证，财务问题会圆满解决。

（三）状语从句

状语从句的种类有很多，按意义可分为时间、地点、原因、目的、结果、条件、让步等。不同类型的从句翻译时也各有特点。

1.时间状语从句

例 1：When I became aware of my imminent mortality, my attitude changed.

译文：当我得知自己大限将至以后，我的态度就变了。

例 2：As land developed, rainwater and rivers dissolved salts and other substances from rocks and carried them to the oceans, making the ocean salty.

译文：在陆地形成时，雨水和河水溶解了岩石中的盐和其他物质并把它们带入海洋，使海水变咸。

2.原因状语从句

例 1：Besides learning the prescribed textbooks, you are supposed to read more books on your subject in order that you may expand your scope of knowledge.

译文：为了扩大知识面，你们除了学好规定的教材，还应该阅读一些专业相关的书籍。

例 2：He says computer manufacturers used to be more worried about electromagnetic interference, so they often put blocks of material inside to absorb stray signals.

译文：他说过去的计算机生产商往往更担心电磁干扰，所以他们常常内置一层材料来吸收杂散信号。

3.让步状语从句

让步状语从句翻译时最显著的特点就是经常使用关联词"虽然""但是""即使"等。

例：Although humans are the most intelligent creature on earth, anything humans can do, nature has already done better and in far, far less space.

译文：虽然人类是地球上最聪明的生物，人能创造一切，但大自然更富于创造性，早已创造出比人类创造的更好更小巧的东西。

4.条件状语从句

例：You will fail to arrive there in time unless you start earlier.

译文：如果你不早点动身，你就不能及时赶到那儿。

5.目的状语从句

例 1：We do not read history simply for pleasure but in order that we may discover the laws of political growth and change.

译文：我们阅读历史书籍不仅仅是为了消遣，而是为了发现政治发展与变革的规律。

例 2：In plucking wild flowers, he always refrained from taking many from one locality, lest he should injure the future growth.

译文：采摘野花的时候，他总是避免从一个地方采集很多，以免损害其未来的生长。

二、时态的翻译

众所周知，英语有十六种时态，其中一般现在时、现在进行时、现在完成时、一般过去时、过去进行时、过去完成时比较常用。在翻译当中，这些时态的翻译也各有特点。

（一）一般时态（现在，过去）

这两种时态的翻译比较简单，一般是按照原文顺序，无特别明显的标志词。

例1：Farmers and nomadic hunters alike enjoyed gathering around the fire, especially on wintry nights, to hear the tales of the storyteller.

译文：农民和游牧猎人都喜欢围坐在火堆旁，尤其是在寒冬的夜晚，听讲故事的人讲述一个又一个故事。

例2：Although food cooked at home is far more healthful than meals eaten at restaurants, Americans are dining out more than ever, the U.S. Agriculture Department said Tuesday.

译文：美国农业部星期二称尽管在家烹饪的食物远比餐馆里所用之餐有益于健康，但美国人外出用餐仍更频繁。

（二）进行时态（现在，过去）

这两种时态强调"正在"，所以在翻译时要注意是否有与此有关的词语。

例：The gap of income between the wealthiest and the poorest families in the USA is widening though the national economy began to pick up in the 1990s.

译文：尽管20世纪90年代全国经济复苏，但美国最富有和最贫穷家庭之间的收入差距仍正在继续扩大。

（三）完成时态（现在，过去）

完成时态强调"已经"，在译文中要有所体现。

例：There has been plenty of publicity about "sudden wealth syndrome" (also known as "affluenza") — evidence mainly of the fact that comparatively indigent journalists like to write about the new rich having a bad time, despite their fast cars and swanky houses.

译文：关于"暴富综合征"（亦称"富裕病"）的宣传铺天盖地——这主要证明了一个事实，即相对贫穷的新闻工作者们喜欢报道新贵们过得不好，尽管他们开着快车，住着豪华的房子。

三、被动语态的翻译

英语中被动语态的使用范围很广。在某些文体中，如科技、经贸、法律等文体使用被动句式几乎成为一种惯例。英语常用被动句的原因主要有以下几个：施事的原因（施事未知而难以言明，施事从上下文中可以不言自明，施事不如受事重要，或受事需要强调），句法的要求（英语重形合，注重句法结构和表达形式），修辞的考虑（被动句表达方式灵活多变，避免句型单调，取得较好的修辞效果），文体的需要（某些文体倾向于使用被动句，如科技、法律、经贸等）。英语常用结构被动式，少用意义被动式。而汉语则多用意义被动式，少用结构被动式。

与英语相比，汉语中被动句的使用要少得多。但在汉语句子中，大多数被动意义不用如英语中的结构被动式，而用意义被动式。例如"该方案制定好了"就应译为"The proposal has been made"。

汉语句子为意义被动式，而英语译文则为结构被动式。在英译汉中，把英语被动句译成汉语主动句还是译成汉语被动句，取决于哪一种结构更符合汉语的表达习惯。

（一）被动句翻译成主动句

1.英语被动句翻译成汉语主动句

英语的被动句可以翻译成汉语的主动句，在这种情况下，可以保留原主语。

例1：Many basins were formed by the subsidence of the earth's crust.

译文：许多盆地都是因地壳下沉而形成的。

例2：He was choked with anger.

译文：他气得说不出话来。

2.英语被动句翻译成汉语无主句

有些英语的被动句可以翻译成汉语的无主句。

例1：That person was never remembered again.

译文：再也没人记得那个人了。

例2：The economic reforms must be carried through to the end.

译文：必须把经济改革进行到底。

（二）被动句翻译成被动句

英语的被动句也可以翻译成汉语的被动句，但汉语中常借用以下一些字来表示被动，如"被""遭（受）""为""由""挨"等。

例1：That doctor was beaten by a patient.

译文：那个医生被一个病人打了。

例2：My pens hidden in the drawer have been taken up by others.

译文：我藏在抽屉里的笔被别人拿走了。

例3：This distinguished guest was given a warm welcome.

译文：这位贵宾受到了热烈欢迎。

例 4：That girl was so moved by the boy's words and accepted his proposal.

译文：那个女孩被男孩的话打动了，接受了他的求婚。

例 5：The lake is fed by several small streams.

译文：这湖是由几条小溪汇集而成的。

例 6：Mary was severely criticized by her teacher for her laziness.

译文：由于懒惰，玛丽挨了老师狠狠的批评。

（三）it 作为形式主语的句子，翻译成主动形式

有一类以 it 作为形式主语的英语句子，在译文中常要改成主动形式：

（1）It is hoped that 希望

（2）It is reported that 据报

（3）It is said that 据说

（4）It may be said without fear of exaggeration that 可以毫不夸张地说

（5）It must be admitted that 必须承认

（6）It must be pointed out that 必须指出

（7）It will be seen from this that 由此可见

（8）It is asserted that 有人主张

（9）It is believed that 有人相信（认为）

（10）It is generally considered that 大家认为

（11）It is well known that 大家知道（众所周知）

（12）It will be said that 有人会说

（13）It was told that 有人曾经说

（四）充当汉语句子的主语

有些被动语态的句子如果有合适的状语，可以用来充当汉译后句子的主语。

例 1：Many agricultural workers have been trained in the county.

译文：这个县已经培养了许多农业工人。

例 2：A photo was hung on the wall.

译文：墙上挂了一张照片。

第三节　英语语篇的翻译技巧

一、把握主旨，通篇谋划

文章的主旨反映了作者的写作意图，把握文章的主旨，也就是要了解作者的写作意图。因为作者的写作意图直接决定了译文该如何遣词造句。

我们在翻译文章之前，要先分析作者的思路，看看他笔下的人物的行事风格和处事态度。只有这样才能力求使译文符合原文的意思，不歪曲作者的本意。

（一）领会作者的写作主旨

例：The customers of Holiday Hotel took 500,000 towels from its 2,638 branch hotels every year, and the hotel wonders what happened to these towels later. However, the hotel has no intention to send a punitive expedition against the shoplifters but intends to enhance the nationwide promotion. The hotel announced to sparc thcsc customers on condition that they would tell what they have done with those towels in these years.

译文：假日酒店的顾客每年从其旗下 2 638 家分店卷走 50 万条毛巾，酒店不知道这些毛巾后来的去向。然而，酒店无意对这些人进行惩罚，但是打算加强在全国范围内的宣传。酒店宣布赦免这些顾客，条件是他们要说出这些年来他们用这些毛巾做了什么。

分析：这段文章开始是对拿走毛巾的旅客持否定的态度，所以对于"take"，我们可以翻译为"卷走"。

（二）深刻理解作者意图，引申某些词语含义

例：The opening of doors is a mystic act: it has in it some flavor of the unknown, some sense of moving into new moment, a new pattern of the human rigmarole. It includes the highest glimpses of mortal gladness reunions, reconciliations, the bliss of lovers long parted.

译文：开门这个动作很神秘：带有一种新时刻即将开始的感觉，是人类繁文缛节的一种新形式。它包含着人间至乐的最高闪现：重聚、和解以及久别恋人们的极大喜悦。

分析："flavor"一词的本义是味道，风情，情趣等。但在这里译成这些含义显然不合适，需要引申为意味。

我们在英译篇章的时候，首先要考虑句子翻译的正确性与准确性，运用以上学过的基本技巧与方法把每个句子翻译好。其次要考虑句子以外的因素，如文化背景、语言环境等。其中最为重要的是主题性，句与句之间的衔接性与连贯性，也就是说要考虑整体性，把一篇文章作为一个整体来看，而不是一个一个单独的句子。如果只考虑句子的意思，则会造成译文无法实现原文的全部功能和意义。

汉语篇章主题句往往不如英语篇章明显，所以我们要学会归纳总结，这样做有利于断句与分层。如果没有主题句，我们自己先要总结一个主题，然后各个分句或段落都围绕这个主题来翻译，因为所有分句与分段都是为表达中心意义服务的。除了总结主题，我们还要把剩下的句子或段落分层，这样可以将复杂的思想化整为零，然后逐个击破。

例1：这本文集里的文章风格完全一致。在对语言的理解，采用近来的哲学和语言学的方法了解个中含义这方面，这些文章向我们展示了某些"前沿"

话题。"前沿"在这里有两层意思。其一：所讨论的话题都是现今思想与学术上比较前瞻性的东西。其二：对这些问题我们不太清楚或理解不够。

例 1 段落层次分明，主题明确，所以须分段进行英译。

译文：The essays in this collection are composed entirely in this vein. Within the general field of the understanding of language of the more recent philosophical and linguistic ways of approaching the meaning of meaning, they try to set out certain "frontier" topics. The word "frontier" has two relevant senses. Firstly, the topics discussed are at the forward edge of current thought and scholarship. Secondly, they are not yet clearly or fully understood.

例 2：我轻轻地叩着板门，刚才那个小姑娘出来开了门，抬头看了我，先愣了一下，后来就微笑了，招手叫我进去。这屋子很小很黑，靠墙的铺板上，她的妈妈闭着眼平躺着，大约是睡着了，被头上有斑斑的血痕，她的脸向里侧着，只看见她脸上的乱发，和脑后的一个大髻。

这段文字从表面上看层次不明显，我们可以把它加工分为两层，先是"进门"，然后是看到"妈妈的样子"。层次分好后，我们就可以按部就班地英译了，需要注意的是段落中的一系列动词，要保持动作的连贯性。

译文：I knocked softly on the wooden door. The young girl I had met just now answered. Seeing me, she was little taken aback at first, but soon began to smile and beckoned me in. On the plank bed against the wall, her mother was lying on her back, her eyes closed. She must have gone to sleep. There were blood stains scattered on the bedclothes round her neck. Her face was turned to the wall, and I could only see tangled wisps of hair across her face and the coil at the back of her head.

二、注意感情色彩

有些词汇或短语，本身是中性的，也就是说没有感情色彩。但它们所在的文章段落有感情色彩，因此在翻译这些词汇时应带上相应的感情色彩。

例：If you ask him where he got his egg, he answered it's picked up from somewhere. The fact itself is not so honorable. He even planned to put the egg among those laid by his neighbor's hen for incubation. Obviously, his purpose is to grab a little hen after those eggs are hatched. We can see this is the very first step of gaining a fortune as well as a dirty deal of stealing and cheating.

译文：如果你问他鸡蛋是从哪里来的，他会说从什么地方拾来的。事实本身并不是那么光彩。他甚至打算把这个拾来的鸡蛋和邻居母鸡下的蛋放在一起孵。显然，他的目的是等到小鸡孵出来后抓走一只小母鸡。可见这是发财的第一步计划，也是连偷带骗的一种勾当。

分析：句中"deal"这个词本身不带有任何感情色彩，但整段文章的基调是贬义的，故这个词也有了感情色彩，又因为它前后的词都是贬义的，如"dirty，steal，cheat"，所以这个词应翻译为"勾当"。

三、体会语气

例 1：If a computer could be made as complex as a human brain, it could be equivalent to a human brain and do whatever a human brain can do.

原译：如果电脑能够被制造得像人脑那样复杂，它完全能够像人脑那样，人脑能干什么，它就能干什么。

一般情况下 can 和 could 均可以表示"能够"的意思。但上句含有 if 引导的表示假设的条件句，句中两处 could 均为虚拟语气，结合上下文的语篇来看，

could 应译为"倘若""可能会",不宜译为"能够"。

因此上例可改译为:倘若电脑能制造得像人脑那样复杂,就可能会与人脑旗鼓相当,完成人脑所能做的一切工作。

例 2:Who should come in but the mayor himself?

译文:你道是谁进来了,是市长自己呀!

上句形式上是疑问句,但是情态动词 should 在这里有强调和感叹的含义,因此将原文的疑问语气译成汉语的感叹语气更为恰当。

第四章 跨文化视角下的
英语文体翻译

文本的类型有很多，根据内容和社会功能的不同，可分为应用性文体（如信函、通知、启示、合同、协议、说明书、使用指南等）、科技文体（如科学报告、科学论文、专利文献、科普读物等），以及一些专门用途的文本，如法律、广告等。

由于文本所传达的信息内容的性质不同，所以它们的符号学特征和语言功能也不一样，从符号学特征来说，文学语言的符号学特征是能指性优势符号，而科技、法律等语言的符号学特征是所指性优势符号。也就是说，文学语言的意谓性功能发挥的作用比较大，而科技法律语言则是意指性功能起到了决定性作用，不容许任意地、主观地由对世界的体验而产生的知觉性意义来解释，更不会因与文本的原作者对话而产生什么新的意义。这种符号追求的是统一、一致、确定性的意义，而不是各自不同的、模糊的、不确定的意义。

第一节 旅游文体翻译

一、旅游文本的特点

旅游文本属于应用文的范畴，其特点是形式多种多样，内容五花八门、包罗万象，体裁类别丰富多彩，比如城市旅游指南、旅游产品宣传、旅游景区景点介绍、旅行社简介，以及包括酒店、餐饮、交通在内的众多旅游设施与服务的介绍等。就文本类别及特点而言，旅游文本属于呼唤型文本，讲求创意，用词新颖，言简意赅，具有很强的感染力和吸引力，意在激发旅游者的兴趣；而各类海外旅游接待企业的宣传手册或旅游景点简介等则属于信息型文本，旨在向旅游者提供与旅游产品、服务和设施有关的准确信息，但也注重用词生动形象，同时具有一定的呼唤感召力。旅游文本的另一个特点就是往往承载着大量的文化信息，而中西方文化之间存在的巨大差异不可避免地会给旅游文本的翻译工作带来诸多的困难。

二、旅游文本翻译的总体原则

旅游文本翻译属于应用文体翻译，或叫实用文体翻译。一般说来，应用文的翻译应该考虑到文本的功能。当然，不同的应用文体有不同的功能，譬如科技文体的功能和合同文体的功能有着很大的差异。但是，不论翻译哪种应用文体，都需要突出翻译的交际功能。我国学者陈小慰指出，在改革开放、经济迅猛发展的今天，中国的翻译工作者经常要面对应用文类的翻译，常见的有公共告示或揭示语、旅游宣传资料、广告及产品介绍、会议讲话稿等。请求译者翻译的人自然是希望这些译义能在译语语境中实现某种功能，达到某种目的。其中，陈小慰在谈到翻译要重视目的时提到，英译旅游宣传资料需要以外国友人为对象，介绍中国旅游业及旅游资源，吸引他们来华旅游，发展我国的旅游业。学者张光明等认为，旅游文本的翻译与旅游文本本身一样，具有向"游客传递、介绍景点信息"和"打动读者"的功能。这样说来，旅游翻译"要做到准确、通俗、明晰，译文要有吸引力，能雅俗共赏，使各种不同文化层次的读者均能易于理解，乐于接受"。总体说来，相对其他应用文体，学者顾维勇认为，翻译旅游文本，"译者要考虑到译语的可读性及读者的接受效果，所以译者的自由度相对较大"。但是，这种自由度的大小取决于具体的文体特点。本书认为，翻译旅游文本的总体原则如下：

（一）根据旅游文本的功能和目的，忠实地传达原文的实质性信息

实际上，古今中外的翻译家都非常重视翻译的功能。五四运动前后，鲁迅、瞿秋白等人主张利用翻译来丰富中国的现代白话文，改造当时的中国社会，实际上就是要发挥翻译在语言变化和社会改良中的功能。在西方，从古罗马时期开始，翻译家就特别重视翻译的功能，如古罗马学者西塞罗（Marcus Tullius Cicero）在谈及翻译的时候就指出，自己是作为演说家而翻译的，即主张活译，从而使译文打动读者或听众。系统提出翻译功能理论的是德国的功能派，其中的代表人物是赖斯（Katharina Reiss）、弗米尔（Hans J. Vermeer）和曼塔利（Justa Holz-Mantari）。尤其是弗米尔认为，要以文本的目的为翻译过程的第一准则，而且将翻译看作某种既定情况下一种有意图、有目的的行为。

总之，功能理论主要内容是译者在整个翻译过程中的参照物，不应将其视为翻译理论所关注的原文文本及其功能，而应是译文在译入语言和文化环境中的功能。为达到这一目的，译文必须首先在译入语境中产生意义并发挥作用；其次，译文还要照顾与原语句的关联，对原文保持一定的"忠实"。旅游文本的目的是吸引目的语读者，所以翻译这样的文本首先要考虑其在译入语中的功能和目的。正如我国学者顾维勇指出："旅游资料的功能是通过对景点的介绍、宣传，扩展人们的知识，激发人们旅游、参观的兴趣。因此，旅游文本翻译的最终目的就是通过传递信息来吸引旅游者。"也正如学者汪宝荣所言，外国游客远道而来，吸引他们的并不只是花草树木、亭台楼阁，景点所蕴含的深厚文化往往更令他们着迷。所以，翻译要考虑到旅游文本的这一特点，在译文中要体现其宣传的语气。

有鉴于此，翻译旅游文本首先要遵循该文本的功能和目的，在忠实地传达原文实质性信息（如景点名称、交通、食宿、游览路线等信息）的基础上，注重旅游文本的宣传广告效应，从而使译文吸引更多的译入语读者前往所介绍的地区游览观光。

（二）依照旅游文本的文本类型，在译文中体现广告宣传的语气

在翻译旅游文本时还要清楚旅游文本属于何种文本类型，因为文本类型不同，翻译的策略也不尽相同。重视文本类型的划分是很多翻译理论家倡导应该重视的问题。

布勒（Karl Bühler）将语言功能划分为"说明"（represent）、"表达"（express）和"吸引"（appeal）三种功能。

德国学者赖斯根据语言的这三种功能，将文本划分为"注重内容"（content-focused text）、"注重形式"（form-focused text）、"注重对读者的吸引"（appeal-focused text）三种文本类型。

英国翻译家纽马克（Peter Newmark）将文本类型划分为三类，即"表达型"（expressive）、"信息型"（informative）和"呼唤型"（vocative），但是他认为很少有文本只属于一种类型，大多文本同时属于这三种类型，只是其中一种占主导地位。按照纽马克的分类，其中表达型文本包括文学、权威声明、自传、个人通信等，信息型文本包括科技、商业、工业、经济类的报告、文章、论文、备忘录、纪要等，呼唤型文本包括通知、指令、宣传、推销、流行小说等。按照以上对文本类型的划分，可以看出，旅游文本更属于信息型和呼唤型。

实际上，我们不能否认，旅游文本虽然也提供必要的信息，但同官方文献、经贸合同、法律文书、科技文章等信息类文体相比，旅游文本更具有其特殊性，即该种文本的"呼唤"性质，也就是说，在信息功能和呼唤功能二者中呼唤功能占主要地位。将旅游文本归类为"呼唤型"也是很多学者的共识。我国学者贾文波将旅游资料文本归为呼唤型功能文本，他指出："旅游翻译注重的应是原文与译文间的信息内容和文体功能的对等，而不是语言形式上的对应，更不是语言文化的异质性。它的功能更像广告，目的是吸引游客，最大限度地取得旅游产品的预期效果。"

第二节 法律文体翻译

从广义上来说，法律文体通常包括宪法、法律、行政法规、条令、条例、条约、合同书、协议书、契约、遗嘱、文凭、各类证书、规程等。这些内容都以法律文书的形式固定下来，即以文字的形式固定下来。这类专用于法律文书的语言，具有一定的特点，被称为法律语言。

一、法律文体的语义特征

（一）法律术语的"单义性"特征

"单义性"是指一个术语只表示一个概念的特性。法律术语的"单义性"特征，是指一个法律术语在某个法律体系中只表示一个法律概念。法律用语与日常用语不同。在日常用语中，同义词或近义词的使用非常广泛。文学语言中甚至鼓励使用同义词或近义词，以便使文学作品变得更加丰富多彩、韵味无穷。但在法律语言中，为使语义精密、明确、固定，则应避免使用同义词或近义词。与日常用语相比，法律术语的"单义性"特征是显而易见的。有些词，在日常用语中是同义词或近义词，一旦成为法律术语即呈现出"单义性"。

（二）大量使用类义词

类义词是指词类相同且语义上有着某种联系的一组词，这些词常通过"and"或"or"等连词组合在一起，并常常出现在句子的同一位置，用来表示类似但不相同的意思。这些词易被人误认为是同义词或近义词，但根据法律术语的"单义性"特征，我们知道，它们既非同义词也非近义词。

（三）大量使用对义词

对义词是指意义相互矛盾、相互对立的词。美国语言学家帕尔默（Gary B. Palmer）将这种一一对应的词称为对义关系词。我国学者孙懿华称，法律专业术语的这类对义现象是由法律工作的性质决定的。一般说来，法律工作的对象往往是利害关系相互对立的两个方面，如刑事案件中的正义与邪恶、行为人与受害人；民事案件中的原告与被告；经济合同中的甲方和乙方；等等。这就决定了法律文本中不可避免地存在着大量的对义词。

二、法律翻译工作者应具备的条件

（一）一丝不苟的工作态度

法律文件的翻译必须严肃认真对待。有时翻译错一个字、一个标点，也有可能造成严重的法律后果。如下例：

The L/Cs shall be opened by a Chinese bank accepted by Party A and be payable in Swedish Kronor (SEK) with a bank to be appointed by Party A.

原译：信用证应由甲方认可的中国银行开出，并应以瑞典克朗付给甲方指定的银行。

上例中，"Chinese bank"可以是任何一家中国的银行（即在中国注册成立的、具有中国企业法人资格的银行），但被错译成"中国银行"（Bank of China）。原来申请人对开证行可有多种选择，但现在则只能找中国银行了。

因此，正确的译文应为："信用证应由甲方认可的一家中国的银行开出，并应以瑞典克朗付给甲方指定的银行。"

（二）良好的中英文基础

要做好法律翻译工作，译者必须具备良好的源语和目的语语言基础。源语语言基础的好坏直接关系到对原文的理解。理解是翻译的基础，是翻译过程中最关键的一个环节，对原文缺乏透彻的理解，就谈不上忠实、通顺地用目的语将原文表达出来。

（三）熟悉法律专业知识

目前起草英文法律文件的律师多数是学英美法的，而起草法律文件所依据的法律又是中国法律，这就要求我们的法律翻译工作者既要熟悉中国法律又要熟悉英美法，而且是懂得越多越好。懂得越多，翻译起来就越有把握，越少出现错误。

三、法律与法律语体语言

法律是指由国际组织、国家或地方制定，体现统治阶级意志或国际共同利益，以强制力保证其实施的行为规范的总和，包括宪法、法律条文、法令、行政法规、条例、规章等。现代汉语中，"法律"一词有广义和狭义之分。广义的"法律"指法律的整体，就我国现在的法律而言，它包括作为根本法的宪法、全国人大及其常委会制定的法律、国务院制定的行政法规、某些地方国家机关制定的地方性法规等。狭义的"法律"仅指全国人大和人大常委会制定的法律。在英、美两国，法律的职能广泛地深入社会活动和日常生活的各个方面，它涉及国家的社会活动、企业团体间的经济活动和家庭个人的日常生活。从立法到司法，从契约到租赁，从保险到期货，所有这些活动都需要一种专门的语言来记录和规定，这种语言便是法律语体语言，专用于法律文本，而且具有独特的特点。

（一）平实性

法律文本一般规定了缔约各方的权利和义务以及有关人员必须遵守的法

规。这就要求法律文本的条款只允许有一种解释，不能有任何漏洞和歧义。因此，在法律文件中，全部的语言必须是客观的、现实的，全部的内容必须字面化、外表化。在语言上应讲究平实，剔除语义含糊、文辞不当之处，杜绝含蓄表达、结构混乱，以免造成引申的理解或推理的理解。

（二）庄重性

法律语体语言是法律规范的表达形式，法律的根本属性对法律语体语言提出了特别的要求，法律语言必须具有庄重的色彩。它不能采用文学笔调，不能追求艺术风格，不能运用修辞手段，甚至不宜使用形容词之类的附加成分。

（三）规格性

法律条文经过起草人的历年推敲，经过使用人（包括律师在内）的反复检验，凡语意较为含糊、文辞易生歧义之处已一一剔除，最终形成了一种特别的语言格式。这种格式一旦形成，以后的法律文件起草人只需如法炮制，而不必另辟蹊径，而法律文件使用人（包括律师等）便按图索骥。他们墨守成规，唯恐脱离了久经考验的法律行文规格而造成意想不到的歧义、误解或疏漏，这样，法律语言便走向高度的规格化。

由此可见，法律的使用在语言上很有讲究。1963 年美国法律语言学家戴维·麦林克夫（David Mellinkoff）在其经典研究《法律的语言》中开篇写道"法律是一项措辞的职业"。无论在法律的哪个领域——政府法规、法庭活动或者约束我们日常活动的文件（合同、转让证书、规章、法令等），我们遵循的最基本原则是：法律的措辞实际上就是法律。法律语言的使用者对语言表达中细微之处的重视程度是任何别的领域的语言使用者所无法相比的。

四、法律英语的功用

从社会语言功能的角度来看，法律英语一个非常重要的作用是它的施为功能。英国哲学家约翰·奥斯汀（John Austin）于 1950 年在美国哈佛大学所做的演讲《论言有所为》从哲学的角度对语言交际的本质做了解释。奥斯汀在演说中指出，有些话语不起"报道"（report）或"表述"（state）的作用，因而不用区分语句的"真"或"假"；它们一说出来就是一种行为。他认为有些句子并不用于陈述事实或描述事实，而是用来做事的，即言有所为。由此他把有些句子区分为"叙述句"和"施为句"。而法律语言的一个作用就是对所规定的法律的强制执行。例如，当某人被法院宣判为有罪时，那么无论此人是否真的有罪，他就成了有罪之人。再如，一对合法夫妇一经某权威部门的书面或口头准许离婚，那么从今往后，两人将不具有夫妻所拥有的权利和义务。

从法律功用的角度来看，法律英语是表述法律的工具。法律中的术语、短语乃至大量的话语，其所指都是由法院所确定的，并不代表普通英语的所指。英国和美国属普通法系国家。普通法系国家追求的是"遵循先例原则"，即法院对某一类事实确定一项原则，在以后的案件中可适用于同样一类的事实。在此背景下，法官在对某个案件判决时所选用的词语以及他们通过该词语所表达的真实意图与普通英语中所表示的含义往往是不同的。

五、法律英语翻译方法改革策略

（一）译语语言要准确、严谨、专业

法律专业术语是法律英语的重要组成部分，且法律英语中存在大量古英语、外来语与一般单词的特别用法，在将中文法律文本转换为英文时，既要传达原意，也要专业、地道，因而要求译者准确理解并使用法律专业术语，了解

法律文本常用词的法律意义与法律文本常用拉丁语，掌握古体词的基本含义与用法。

（二）固定结构与固定用法的翻译

法律英语文本中常用一些固定的结构表达特定的含义，这就需要译者做有心之人，多多阅读英文原版法律文件，这样在翻译时这些固定搭配就会自然流于笔端。

（三）多用名词化词语与被动语态

汉语表达中动词占优势，而法律英语文本多使用由动词或形容词加上词缀转化而来的名词化词语表述行为或动作，因此它们都包含了动词或形容词的意义。所以，在将汉语法律文本转换为英文时，在保证译文"准确严谨、清晰简明、前后一致、语言规范"的前提下，应尽量将这类动词译成名词化词语。

同样，在符合以上规定的前提下，可将中文表达中的主动语态多译为被动语态，以突出译文的专业地道与法律的公正客观。

六、法律英语翻译方法

（一）重复译法

为了清楚地表达法律条文和规则，避免产生歧义，法律英语翻译还经常采用重复译法。

例：In any arbitration proceeding, any legal proceeding to enforce any arbitration award and in any legal action between the Parties pursuant to or relating to this contract…

译文：在根据本合同进行或与本合同有关的双方之间的任何仲裁程序中，

在为执行根据本合同进行或与本合同有关的双方之间的任何仲裁裁决的任何法律程序中及在根据本合同进行或与本合同有关的双方之间的任何法律诉讼中……

上述例句在翻译时将短语"根据本合同进行或与本合同有关的"重复了三次，这样的重复很有必要，突出了法律英语语言的严谨性。需要注意的是，重复并不是任意的、毫无原则的，为了确保法律英语翻译的准确性，只有在不得不重复的时候才可以酌情对某些表述加以重复，否则应该尽量避免没有意义的重复，以确保法律语言的言简意赅。

（二）词性转换法

英语和汉语在词的分类以及词类的语法功能上比较相似。但是在英语中可以充当某个句子成分的词类相对较少，如英语中充当主语的只有名词、代词或相当于名词的动名词或不定式，充当谓语的只有动词；而汉语的情况则完全不同，名词、动词、形容词都可以作主语、谓语、宾语以及表语。因此，在法律文体翻译过程中，译词词性与原词词性未必相同，需要进行词性的转换，即使用词性转换法来进行处理。例如，英语的名词有时需要译成汉语的动词，英语的形容词需要译成汉语的副词；而汉语的动词需要译成英语的名词，汉语的副词需要译成英语的形容词，这样才符合译文的语言表达习惯。转换词性是翻译中较为常用的手段，灵活的词性转换处理可使译文通顺流畅。当然，词性转换的前提是忠于原文，在不改变原文意思的前提下进行。

因此，在法律文体翻译中，应该根据具体情况灵活使用词类转换技巧。

例 1：Neither party hereto shall be responsible for the failure of the performance hereunder if caused by war, fire, flood, embargo, explosion, shortage of materials, prohibition of import and export, judicial or governmental restrictions, strike or other labor troubles, or any other causes beyond the control of the party.

译文：如因战争、火灾、洪水、禁运、爆炸、物资短缺、禁止进出口、司法或政府限制、罢工或其他劳工纠纷或任何一方无法控制的原因导致本协议不能执行，则任何一方均不承担责任。

分析：该句中的名词结构 prohibition of import and export，the failure of the performance 分别被译为动词结构"禁止进口或出口""不能执行"。

例 2：The Parties agree that any restructuring shall not adversely affect the economic interests of the Parties.

译文：双方同意，任何重组不得给双方的经济利益带来不利影响。

分析：该句中的英文动词 affect 被转换为中文名词"影响"。相应地，英文副词 adversely 被转换为中文形容词"不利"。

（三）语序调整法

语序调整法即改变原文的词语顺序，按译语的表达方式，依照时间先后、逻辑关系将原文的顺序加以调整，有时甚至需要全部打乱，重新排列。语序调整法在法律英语中的使用十分普遍。这主要是因为英语和汉语语言结构不同，在翻译时，需要将原句中的某个成分或某些成分在译句中的位置进行变动调整，从而使译文意思更清晰明了。

例：The Company will retain its full power and authority to use such inventory and assets and to continue to conduct its business after the transfer of the purchased interest and will not violate any PRC laws and regulations.

原译：在转移购买权益后，公司将保留其使用上述存货和资产的充分权力和授权，并继续经营其业务，并且不会违反任何中国法律和条例。

改译：本公司将保留使用上述存货和资产以及在转移购买权益后继续经营其业务的充分权力和授权，并且不会违反任何中国法律和条例。

分析：上例改译在表达方面做了些变通，打破了原文的结构模式，用目的语的习惯方法来表达，使译文明白流畅。

（四）长句拆译法

法律英语中有很多信息量较大的长句。在翻译时，为了理清各个句子的复杂关系，可以采用拆分法，即拆分原文句子，化长为短，或者将原文拆散，重新组织。只有这样，才能使译文正确、通顺、自然。

例：If the seller has given an express undertaking relating to the goods which is stated to have effect for a certain period of time, whether expressed in terms of a specific period of time or otherwise, the limitation period in respect of any claim arising from the undertaking shall commence on the date on which the buyer notifies the seller of the fact on which the claim is based, but not later than on the date of the expiration of the period of the undertaking.

译文：如卖方就货物提出明确保证，说明在某一期间内有效，不论是否有具体期间，由于这种保证而引起的请求权的时效期限，应自买方将请求权所根据的事实通知给卖方之日算起，但不得迟于这种保证期间届满之日。

分析：在翻译该例时，译者根据汉语的表达习惯将其进行了拆分，通过逗号的使用使得译文意思更加明朗化。

第三节　科技文体翻译

科技翻译，作为一种翻译实践，古已有之，但作为翻译学相对独立的一个分支，却有一定的新意。它的出现与 20 世纪 70 年代末我国实施的改革开放政策密不可分。多年的自我封闭和西方的经济封锁，使我们对世界科技的最新发展知之甚少。改革开放使我们茅塞顿开，同时也让我国的科技工作者觉得眼花缭乱，无所适从。语言的不通，看不懂说明书，更是让许多科技工作者一筹莫展，使许多进口设备要么成了摆设，要么就是一堆废铁。也就是在这个时候，科技英语、科技翻译应运而生，并受到了人们的普遍欢迎和高度重视。

五十多年后的今天，旧话重提，虽然少了许多当年的热情，因为不少新生代的年轻科技工作者已是双语应用娴熟的专家，可以直接通读原文，但对于一般读者而言，其中也包括相当数量的一般科技人员，由于外语普及程度的限制以及专业的隔阂，仍然有赖于翻译工作者的帮助才能紧跟科技发展的步伐。

一、科技英语的文体特点

大多数人都认为科技英语或者专业英语就是一般英语加上一些专业词汇。实际上，科技英语在文体和语法结构上都有着很多与日常英语迥然不同的特点。科技文章文体的特点是：清晰、准确、精练、严密。那么，在翻译过程中如何体现科技文章的语言、结构特色，是进行英汉科技翻译时需要探讨的问题。

（一）词汇特点

科技英语并非一种新的英语，而是全民语言用于理、工、农、医等自然题材时所产生的语言变体。虽然它有一些特有的专业词汇，但是基本词汇多属于英语共核部分。因为科技英语的目的是传播科技知识、论证原理、得出结论，对每一个观点都要提出严格的论据。因此，在论证过程中，一定要有条理，层次分明地把握事物的内在规律，将论证过程准确无误地体现在自己的著作中。所以，科技英语词汇无论是在用词还是在造句方面都具有特色。

科技英语的词汇分为二类：纯科技词汇、通用科技词汇和半科技词汇。

1.纯科技词汇（即在不同专业中使用的专业技术词汇）

这种词汇在科技英语中出现频率最低，其特点是严谨、规范、词义单一、使用范围狭窄，而且多是国际上通用的，所以专业程度很高。例如：hydroxide（氢氧化物），isotope（同位素），diode（二极管），carburetor（汽化器）等。

2.通用科技词汇（即不同专业都要经常使用的通用词汇）

这种词汇在科技英语中出现频率较高，词汇量也较大，其特点是词义比较单一，使用范围较纯科技词汇而言相对广一些。例如：frequency（频率），density（密度），magnetism（磁性），height（高度），speed（速度）等。

3.半科技词汇（即在科技英语中使用的普通词汇）

这种词汇在科技英语中出现频率最高，量也极大，较难掌握。半科技词汇除了本身的基本词义，在不同的专业中又有不同的词义，其特点是词义繁多、用词灵活、搭配形式多样、使用范围极广。

（二）科技英语词汇的构词方式

1.缩略法

缩略词形式多样，翻译时可采用多种方式，可意译或音译，也可照搬加以注释，甚至是完全照搬。对于有些已经广为流行的缩略语，可将其视为科技新词，如 radar（radio detecting and ranging，无线电探测与测距）可取其音"雷达"；laser（light amplification by stimulated emission of radiation，受激辐射光放大），曾被译为"镭射"，现已取其意译作"激光"。采取意译时要简洁，否则就体现不出缩略词的优势了。

缩略词在此也指除首字母缩略词之外的缩略形式。对于那些原形冗长复杂的缩略词，完全照搬原意来翻译会让人难以接受，可采取"中西合璧"的方式处理，如 AIDS，通过音译加注释译作"艾滋病"，充分体现了中文意形义相结合的特点。此外还有 IP 地址、BASIC 语言等。

随着现代科技的迅猛发展，越来越多的英文缩略词直接进入汉语词汇中，最典型的如 BBS（Bulletin Board System，电子公告牌系统），UFO（Unidentified Flying Object，不明飞行物），VCD（Video Compact Disc，激光视盘），等等，这些词汇已成为汉语的一部分，翻译时可直接照搬。

2.词缀法

单词的最小意义单位是词素，词素可分为自由词素和黏着词素。自由词素本身具有完整意义，可以独立成词，如 iron，ump，steel 等，它们可以不依附于其他词素而独立存在。黏着词素没有完整的意义，不能单独出现在句子中，它们只能依附于其他词素上才能表示出其意义。黏着词素的主要功能是在构词中充当词缀。词缀又分屈折词缀和派生词缀。屈折词缀起语法标记作用，它们依附于其他词素或单词，但不构成新的词汇，如名词复数标记-s/-es 和动词过去时标记-ed 等。派生词缀和别的词素或单词搭配可构成新的单词（派生词）。由此可见，词缀法是科技英语词汇扩充的基本手段，英语派生词缀和别的词素（或单词）搭配可构成新的单词。这一特点使得科技词汇不断推陈出新，以满足科技发展的需要。

3.合成法

合成法即将两个或两个以上的旧词合成为一个新词，通常有合写式（无连字符）和分写式（有连字符）两种：

（1）合写式

例如：haircut 理发；bitmap 位图。

（2）分写式

例如：bug-free 无故障；built-in 内置；close-circuit TV 闭路电视；cut-and-paste software 剪贴软件。

合成词的翻译可取直译法，即将两个合成语素的词义直接翻译出来，做偏正连缀，必要时可适当增词。

4.首字母缩略词

首字母缩略词是通过把几个词的首字母进行合并而构成的新词，如：ISV（International Scientific Vocabulary），RAR（Radio Acoustic Ranging），FACP（Fully Automated Computer Program）等。随着计算机的普及和国际互联网的广泛使用，首字母缩略词越来越多地出现在英语中，如 MORF（Male OR Female），FAQ（Frequently Asked Questions），FYI（For Your Information）

等。缩略词缩短了一组相关词汇的冗长排列，在交流过程中具有简洁、明了的优势，这种构词手段在语言学上符合省力原则，为方便交流起到了积极的作用。

但同时也需要指出，首字母缩略词有时也会给交际者的理解带来困难，或引起误解，从而妨碍交流的有效进行，甚至导致纠纷的产生。例如，首字母缩略词 FTP 有多种解释，国防工业出版社出版的《英汉技术词典》就罗列了：Factory Test Plan、Field Test Procedures、Florida Test Procedure、Fuel Tanking Panel、Functional Test Procedure 几种意思。可见，这种缩略词极易引起交际者不同的理解。

二、科技英语翻译的标准

（一）忠实于原文

所谓忠实于原文，就是要完整、准确地表达原文的思想内容和核心问题。这是对科技翻译首要的、也是最起码的要求。原作的内容是客观存在的，译者的任务就是要把这种客观存在的内容原封不动地传达给非原文读者。翻译虽然是语言的一种再创作，但毕竟和纯粹的创作有着本质上的区别。译者必须忠实于原作，绝对不可自作主张，对原作进行随意的篡改、增删，因为这样做可能会曲解原作。

（二）语言通顺易懂

译者要用通顺易懂的语言表达原作的科技内容，所用的术语和词汇必须是本专业读者普遍应用的。句子结构要规范，不得保持与译文语言不相容的原文结构形式。译者固然可以吸收和创造性地运用新的表现方法，但是必须在汉语基本词汇和基本语法的基础上加以融合后运用，不得违反或破坏汉语的规范性。

在翻译实践中，我们应尽量遵循"忠实"和"通顺"这两个标准。但在二者不可兼得的情况下首先要考虑前者，即忠实准确地传达原作的意思，因为科学的灵魂是"真"，科技翻译的灵魂是"准确"。在医学文献翻译中，一字之差就可能断送病人性命；在工程技术翻译中，一个数据之误可能导致重大的技术事故。如果译文基本准确，只是文字略显粗糙，还是勉强过得去的；但如果译文与原文出入太大，即使语言再简洁规范，也得推倒重来。因此，"忠实"是科技翻译的根本和前提，而"通顺"是使科技翻译达到完美的一种手段和途径。

译者要准确地表达原作的科技内容，就必须摆脱原文语言形式的束缚，适当地改变原文的词类、语序和句子表达形式，用规范的汉语表达原作的科技内容，使译文达到或接近翻译标准。

三、科技语体语言的适用范围及表达方式要求

（一）适用范围

科技英语是一种基本的语体类型，当我们谈及科技英语的范围时，实际上是就所有表达科技内容的语言运用而言的。这个范围非常广泛，包括科学技术的专著、学术论文、科学技术报告、实验报告、总结、教材、科学考察报告以及有关的读书笔记等。如果从科学性考虑，那么各种普及性的通俗科技读物也应包括在内。

（二）表达方式要求

科学关注客观的陈述、逻辑的论证和准确的描述，因此科学强调客观性、系统性和准确性，这就对科技语言提出了特别的要求。科技语言不能完全使用语言表达形式，因为语言表达形式在科技语体语言中存在着三个不足之处：

1.语言的复杂性

语言是一个极其复杂的信号载体系统。它拥有数十万个单词和繁复的语法规则，使得句式和词语呈现多变状态。因此，有时就不能够准确无误地记录科技成果信息，也不能让后来的科学工作者准确地认识并接受科技成果。

2.语言的模糊性

语言中的每一个实词都是对具体事物、状态或动作的概括，而每个虚词都是对各种句法结构关系的概括。概括的词语只能大致地反映事物的特征和范围，缺乏精密性，也不全面。所以语言就有了模糊性，而这种模糊性恰恰是科学英语所不能接受的。

3.语言的歧义性

语言讲究用有限的语言单位去表现无限复杂的客观事物，这就使得语言呈现出多义性，运用起来，常常出现语言的歧义现象。而科学的语言最讲究精确。

四、科技翻译工作者的基本素质

（一）译者要通晓英语并能正确地运用汉语

这是透彻理解原文的前提和确切表达原作的条件。译者应拥有丰富的词汇量，具有系统的外语词法和句法知识，具有处理复杂语言现象的能力。如果不具备这个起码条件，靠一知半解，甚至连蒙带猜，那么不要说难以掌握一些复杂长句，就是在一些相当浅显的句子面前，也会束手无策。即使硬译出来，译文也必然错误百出。

（二）熟悉相关的翻译理论、掌握常用的翻译方法和技巧

这同样是从事科技英语翻译工作必不可少的要求之一，这也将是本节所要重点讲述的。此外，译者还要关注翻译领域的新理论、新方法以及发展动向。

（三）译者要有高度的责任心和认真的工作态度

科技翻译是一项技术性很强的工作，译者必须有一丝不苟、严肃认真的工作态度。下笔之前，译者应反复推敲，字斟句酌；完稿后，译者要有自我否定的精神，要善于从各个不同角度对自己的译作提出疑问，不厌其烦地进行检查和校改。

（四）具备良好的科学素质和丰富的科技知识

译者要不断吸收和丰富自己的科学文化和专业技术知识，只有对原文涉及的内容了解得越多、知识越丰富，对原文的理解才越深刻，译文的表达也就越准确、越到位。

五、科技英语的翻译方法

翻译是用一种语言将另一种语言表达出来，想要把语言文字所包含的意义准确表达出来，除了要对科技文体的语言特点以及翻译原则有所了解，还应掌握丰富的翻译方法。本部分就从词汇、句子、篇章三个方面对科技文体的翻译方法进行探究。

（一）科技英语翻译方法改革策略

1.语义层面的功能对等

每种语言都有各自的特点，科技英语有其专用的术语、句型和篇章结构，在翻译时译者需要考虑到英汉两种语言的语义差别、词语使用的语境及搭配，从而用符合科技规范的术语准确地予以翻译。美国语言学家奈达（Eugene A. Nida）认为，忠实于原著的翻译不需要实现两种语言间词汇和语法的一一匹配，只需再现作者的原意。因此，对原文的理解和鉴赏是翻译的基础，对意义的分析也就成为翻译过程的中心。

2.文化层面的功能对等

在科技英语的翻译中，词汇和句子层面的对等是实现功能对等的基础，同时也不能忽略文化因素对语篇翻译的影响。奈达认为，翻译中文化因素的重要性要高于纯语言层面的差异，文化语境对语篇的理解起到了至关重要的作用。因此，译者要将文化语境纳入语篇的横组合关系中，对译文做适度的文化调整，以实现翻译的动态对等。

3.科技英语翻译中人际意义的实现

科技文本在向读者传递科技信息的同时也体现着一定的人际关系，作为科技文本的两个参与者，传递信息的作者与普通读者之间存在一种权势关系。一方面，科技文本的作者由于拥有更多的专业知识，想保持或加强自身的权势地位；另一方面，他们又希望自己的观点被普通读者接受，希望与读者保持平等信任的关系。系统功能语言学认为，人称在文本中主要起指称作用，英国语言学家韩礼德（M. A. K. Halliday）指出，通过对人称系统的选择，说话者确定自己在语境中的地位，并建立了与听话者之间的关系。科技文本属于信息型文本，旨在说服读者接受既定的事实和知识，因此科技英语多采用第一人称或第二人称来建立与读者的交互性关系，根据所要传达的信息动态地调整与读者的关系，以达到说服读者的目的。

（二）科技英语翻译方法

1.词汇的翻译方法

（1）形象译法

在科技英语中，为了更好地表达某些词的形象，常使用一些字母或者词来对其进行描述。形象译法主要分为以下几种。

①用汉字表达形象。

例如：T-plate—丁字形板；I-steel—工字钢。

②用字母等表达形象。

例如：X-tube—X 形管；O-ring—O 形环。

（2）引申译法

引申指的是在原文意义的基础上将词汇的意义进行延续或者扩展。引申译法主要涉及两种具体形式，即由具体意义向抽象意义引申和由抽象意义向具体意义引申。

例如：beacon 信号灯—警告过程；bank 银行—存储块区。

（3）转换译法

①转译为动词。英汉语言表达具有差异性，一个英语句子中往往只含有一个谓语动词，汉语句子中的动词则相对多一些，因此在翻译中经常将一些英语中的名词、形容词、副词以及介词等转换为汉语中的动词。

例 1：Despite all the improvements, rubber still has a number of limitations.

译文：尽管改进了很多，但合成橡胶仍有一些缺陷。

例 2：High precision implies a high degree of exactness but with no implication as to accuracy.

译文：高精度意味着高度的精确度，但并不表明具有准确性。

②转译为形容词。科技英语中的名词和动词有时也可以转换为形容词。

例 1：The genetic mutation is of great importance in breeding new varieties.

译文：在新品种培育方面，基因突变是非常重要的。

例 2：Earthquakes are closely related to faulting.

译文：地震与断层有着密切的关系。

2.句子的翻译方法

（1）长复句的翻译方法

长复句在科技文章中十分常见，其翻译也十分重要。关于长复句的翻译，笔者在这里主要介绍以下几种翻译方法。

①倒译法。有些科技英语长复句的顺序与汉语的表达顺序正好相反，此时长复句的翻译就要采用倒译法。

例：The design, fabrication, and testing of micro-fabricated shear sensors for aerodynamic measurements are mainly discussed in the chapter.

译文：本章主要讨论用于气动测量的微型剪切传感器的设计、制造和测试。

②调序法。调序也是科技英语翻译常用到的一种方法。所谓调序，就是将英语长句进行拆分和语序调整。由于英汉两种语言具有巨大的差异，因此在翻译科技英语长复句时，可在正确理解和传递原文信息的前提下，将原句进行拆分，以使译文与汉语的表达习惯相吻合。

例：As has been said, manufacturing processes can be generally classified as unit production with small quantities being made each time and mass production with large numbers of identical items or products being produced.

原译：前面说过，生产过程可以笼统地分为每次生产少量工件的"单件生产"，和生产大量规格相同的工件或产品的"批量生产"。

改译：前面说过，生产过程可以笼统地分为单件生产和批量生产，单件生产就是指每次生产少量的工件，批量生产就是指生产大量的规格相同的工件或产品。

③反译法。反译作为一种常见的翻译手段，在科技翻译中十分常见。所谓反译就是通常所说的反面着笔翻译法，即把原文中肯定的表达形式译成否定形式，或把原文中否定的表达形式译成肯定形式。

例1：There are many other energy sources in store.

译文：还有很多种其他能源尚未开发。（肯定形式译为否定形式）

例2：In the high altitude, snow and ice remain all year.

译文：海拔高的地方的冰雪常年不化。（肯定形式译为否定形式）

④分译法。分译法就是在翻译的时候，将长句化整为零，将句子切分开，译成分句或独立句。利用分译法翻译长难句可以基本保留原句语序，顺译全句，减少漏译的可能性。

⑤综合法。在翻译长复句时，如果仅采用上述单一的方法将很难翻译准确，此时就可以采用综合法，即运用上述翻译方法对句子进行综合处理，这样可以

使译文更加准确、严谨。

例：As the science of gene expression grows, we may be able to create genes that can turn themselves off after they have gone through a certain number of cell divisions or after the gene has produced a certain amount of the desired product.

译文：随着基因表达科学的发展，我们也许能够创造这样一些基因：当它们经过了一定次数的细胞分裂后，或者当它们产生了一定数量的合乎需要的产品之后，它们能够自行衰亡。

（2）被动语态句的翻译

被动语态句是科技英语中常见的句型，这种句子的翻译有很多方法，可以将其翻译成汉语被动句，也可以将其翻译成汉语主动句和判断句。

①译成被动句。英语的被动语态要强调语义，如果汉语译文也想表达这层意思，就应用被动语态的句式。除了用"被"的汉语句式，还可以用"把……、受……、用……、给……、靠……、遭……、得到……、予以……、为所……、由……来……"的汉语被动句式来表达。

例：How long will it be before black-and-white TV sets are found only in the museum?

译文：还要经过多久，黑白电视机才会被送进博物馆呢？

②译成主动句。科技文章中并不是所有的被动语态句都可以译成汉语被动句，根据实际要求，英语科技文章中的被动句可根据汉语的表达习惯翻译成相应的主动句。

例：Pointers are used to build data structures.

译文：指针用于构建数据结构。

③译成判断句。科技文体中的被动句还可以译为汉语的判断句，也就是"是……的"的句式，给人一种"判断"的口吻。

例：Many car engines are cooled by water.

译文：许多汽车发动机是用水冷却的。

3.语篇翻译的注意事项

（1）忠实于原文格式

科技文体的格式比较固定，科技英语文体具有逻辑性强、结构紧密等特点。因此，译者在翻译时也应严格按照科技英语文体的格式，准确地将源语翻译出来。

（2）注重语篇连贯

科技英语文体具有严密的逻辑性，文章的内容联系非常紧密，科技英语文体中含有一些明显的语言符号，这些语言符号将整个语篇连接为一个整体。在翻译时，译者应注意语篇的连贯性。

第四节　文学文体翻译

文学作品以语言文字为工具，形象化地反映客观现实，属于表情型文本。文学作品的创作是一个形象思维的过程，因此与运用逻辑思维创作的学术论著有着根本的区别。根据形象塑造、体裁结构、语言运用和表现方法等方面的不同，文学作品可以归为四大类：诗歌、小说、散文和戏剧。

一、文学体裁的特点

（一）形象性

文学作品的基本特征首先表现为形象性，文学作品展现的不是抽象的概念和刻板的公式，而是具体感性的生动画面。如文艺理论家别林斯基（Vissarion Grigoryevich Belinsky）所说："哲学家用三段论说话，诗人则用形象和图画说话。"

（二）主观性

文学作品以艺术的方式诠释世界，来源于生活而又不是生活的复制。文学作品可以虚构，可以想象，可以对客观现实进行加工和改造，因此文学作品中的人物、事物和景物往往折射出作者的个人视角，体现着作者的个人情感和主观意识。

（三）审美性

文学作品注重情感的表达和审美创造。因此，文学作品在描写事物、人物和景物时会动用一切有效的语言手段，特别是修辞手段，例如比喻（figuration）、比拟（comparison）、夸张（hyperbole）、对仗（parallelism）等，使读者如见其人、如闻其声、如临其境，获得审美体验。

（四）多样性

文学作品的多样性表现在三个方面：第一，文学的题材范围可以说是无边无际的，伦理、历史、法律、军事、政治、经济、科技等任何一个领域中的人物和事件都可能进入作品，成为描述的对象。文学作品在描述物象时的深度和广度也是无边无际的，由表及里，由此及彼，由古及今，由实及虚，涉及外貌、声音、色彩、形状、质地、感官反应、心理活动等各个方面。第二，文学的语言范围极其宽泛，涉及正式语、非正式语、口语、书面语、行业语、俚俗语、方言等各个语域。第三，文学作品的风格极其多样。一方面，文学作品由于时代、背景、体裁和题材的不同而具有不同的风格特点；另一方面，每一个作家又具有自己独特的个人风格。

例1：She was attractive in a forthright way, and famously loquacious, especially when there wasn't much to say. And she had that tottery, extraordinarily ugly walk that is affected by English women of the royal class.

译文：她直率而有魅力，而且出了名的健谈，尤其是在没什么可说的时候。

她走路的样子带有英国贵族妇女所特有的痕迹，步履蹒跚，步态异常丑陋。

例2：Charlotte came towards him. He looked into her face and saw that there was power of acquired self-knowledge that has steadied her eye's once prodigally sensitive and unsettled gaze.

译文：夏洛特朝他走来。他端详着她的脸，发现她的脸上带着一种自我了解的神情，由此而产生的信心使她那曾经敏感而游移的目光变得坚定起来。

例3：After the bad temper of boarding had receded and the train had been going for half an hour, Charlotte felt an unmistakable festive air creep into the compartment and found it answered in herself by the double exhilaration of her journey.

译文：火车开动了半个小时之后，刚上车时的烦躁渐渐消失，夏洛特清晰地感觉到一种欢快的气息开始在车厢里弥漫，她心中对于这次旅行所怀有的双重喜悦也不禁油然而生。

例4：And while they'd slept, he had wandered the rooms of his house with a glass in his hand, telling himself that, yes, sooner or later, Eileen would come back. In the next breath, he would say, "I never want to see your face again. I'll never forgive you for this." Then, a minute later, "Come back, sweetheart, please, I love you and need you. The kids need you, too." Some nights that summer he fell asleep in front of the TV and woke up with the set still going on and the screen filled with snow.

译文：在他们睡觉的时候，他手里抓个杯子在房间里转来转去，他先是告诉自己艾琳迟早会回家，紧接着他说："我再也不要看到你那张脸，我永远都不会原谅你的。"一分钟之后他请求她说："回家吧，亲爱的，求你了，我爱你，我需要你，孩子们也需要你。"那个夏天的许多晚上，他有时就在电视机前睡着了，醒来的时候屏幕上一片雪花点。

例5：Sunday and Monday were a nightmare of arguments and recriminations between the two of them, and at six in the morning on Tuesday before Steven left, Adrian finally collapsed in hysterical sobs and agreed to do anything he wanted.

译文：从星期天到星期一，两人不断争吵、互相指责，简直是一场噩梦。到星期二早上六点，史蒂文要离开的时候，阿德莲终于陷入崩溃，她歇斯底里地哭泣着，答应一切都听从他的安排。

二、文学作品的翻译策略

对于文学作品的翻译，翻译界有一句经验之谈：看似容易译时难。文学作品不同于论述文，它的主题思想不是直白地摆出来，而是隐藏在故事情节之中。为了对作品有一个总体上的把握，在理解阶段译者需要做好充分的准备工作：大量查阅有关参考资料，分析作家的创作意图和思想倾向，了解作品的时代背景，掌握作品的总体构思和发展脉络。在表达方面，文学作品翻译也相当具有挑战性。

茅盾曾经说过："文学的翻译是用另一种语言把原作的艺术意境传达出来，使读者在读译文的时候能够像读原作一样得到启发、感动和美的感受。"一般说来，值得翻译的文学作品都是质量较高的，而一部好的文学作品总是有动人的情感、深刻的内涵、深邃的意境、强烈的感染力和浓厚的艺术效果，能够给读者留下难忘的印象，令人回味无穷。在翻译时，如果不能传达原作的神韵，即使文字通顺，也不是合格的翻译，用范仲英的话说，就是"白水翻译"，平平淡淡，索然无味。

针对文学翻译的特殊性，傅雷提出了"神似"的标准："以效果而论，翻译应当像临画一样，所求的不在形似而在神似。"傅雷同时认为，在形似与神似个能兼顾时，译者应大胆地摆脱原文形式，着意追求译文与原文的神似。

钱锺书则提出了更加难以实现的"化境"标准，他认为文学翻译的最高标准是"化"。把文学作品从一国文字转化为另一国文字，既能不因语言差异而露出生硬牵强的痕迹，又能保持原有的风味，那就算得入于"化境"。"化境"说要求译文与原文在除文字形式外的所有方面保持一致，可以说是文学翻译的最高标准。不过在具体的翻译实践中，"化境"与其说是翻译的最高标准，不如说是翻译的最高境界，是译者心中的理想和努力的方向。

关于文学的翻译标准，可以说是众说纷纭，莫衷一是。许均指出，虽然不同的译者有着不同的看法，但都无法回避文学翻译在语言、艺术审美、社会功能和文化功能等方面的基本问题，比如怎样对待原作，是"忠实"还是"再创造"？是致力于原作的文字形式转换的对等，还是寻求艺术效果传达的近似？是"异化"还是"归化"？如何处理和协调作者风格和译者风格？如何发挥翻译主体的作用和保持客观性？如何认识文学翻译的目的、功能和艺术本质？如何衡量、评价一部译作成功与否？

从翻译策略上说，在翻译文学作品时，译者要尽量靠近原作者，高度重视原文的表现形式。在文化现象的处理方面，译者应尽可能地采取异化的手法。

文学翻译可以说是一个艰苦的再创造的过程，译者需要做大量的准备工作，深入了解作品的社会、历史和文化背景，分析作品的主题和内涵，熟悉作者的思路、意图、写作习惯以及创作风格等。

下面的几个片段选自美国小说家雷蒙德·卡佛（Raymond Carver）的短篇小说《好事一小件》，故事是按照时间的顺序展开的：星期六下午，安来到购物中心的面包房，给儿子订了一个漂亮的生日蛋糕，上面写着他的名字"斯科蒂"。面包师是一位长相粗俗、态度淡漠的老头儿。安告诉他下个星期一斯科蒂就要满八岁了，面包师只是听着，一句话也不说。然而，接下来发生的事情使安彻底忘记了生日蛋糕的存在。星期一上午，斯科蒂在马路上被一辆车撞倒，但当时情况看起来并不严重，他爬起来，走回家，对妈妈讲述了车祸的经过，然后就两眼一闭，倒了下去。送进医院后，医生的诊断十分乐观，认为斯科蒂处于惊恐之后的睡眠状态，随时有可能醒过来。可是时间一点一点过去，斯科蒂却长睡不醒，安和丈夫霍华德预感到要出事了，医生的紧张也逐渐升级。最后斯科蒂终于醒了过来，安和霍华德正大喜过望，斯科蒂却又闭上了眼睛，这次是永远不可能再醒过来了。突然失去了儿子的安和霍华德陷入了极度的悲伤和茫然，家里却不断有人打电话来问他们是不是忘了斯科蒂，使他们愤怒得几乎疯狂。安忽然明白过来这是面包师打来的电话，无处发泄的夫妇开车来到面包房，安冲着面包师大吼大叫。这时，面包师用自己的面包卷和倾诉温暖了他们的心，小说的主题和高潮也在此出现。小说的情节和人物的心理跌宕起伏，但卡佛的叙述一直是简单而冷静，字斟句酌几乎到了吝啬的地步，在情感的描写上也采取了一种压抑的手法。给人的感觉好像是木刻，或是黑白电影，没有半点多余的修饰和渲染，我们在翻译时要尽量地传达原文的这种形式特征和风格特征。

例 1：She stood at the window with her hands gripping the sill, and knew in her heart that they were into something now, something hard. She was afraid, and her teeth began to chatter until she tightened her jaws.

译文：她站在窗前，两只手抓着窗台，她心里知道要出事了，要出大事了。她很害怕，牙齿开始咯咯地打架，她只好咬紧牙关。

例 2：They said they're going to take him down and run more test on him, Ann. They think they're going to operate. They can't figure out why he won't wake up. It's more than just shock or concussion, they know that much now. It's in his skull, the fracture, it has something, something to do with that, they think. So they're going to operate. I tried to call you but I guess you've left the house.

译文：安，他们说要把他带下去再做几项检查。他们说可能需要手术。他们搞不懂他为什么还不醒过来。这可能不只是休克或者脑震荡，他们开始怀疑了，他们觉得这和他头骨上那道口子有关，所以他们要做手术。我本来要给你打电话，不过我想你可能已经出门了。

例 3：He was hit by a car Monday morning; we've been waiting with him until he died. But, of course, you couldn't be expected to know that, could you? Bakers can't know everything — can they, Mr Baker? But he's dead. He's dead, you bastard!

译文：星期一早上他被车撞了，我们一直守着他到最后。不过你当然不知道这些了，对不对？面包师哪能什么都知道呢，对吧，面包师先生？可是他死了，他死了！你这个混蛋！

例 4：They ate rolls and drank coffee. Ann was suddenly hungry, and the rolls were warm and sweet. She ate three of them, which pleased the baker. Then he began to talk. They listened carefully. Although they were tired and in anguish, they listened what the baker had to say. They nodded when the baker began to speak of loneliness, and of the sense of doubt and limitation that had come to him in his middle years. To repeat the days with the ovens endlessly full and endlessly empty.

译文：他们吃着面包卷，喝着咖啡，安忽然觉得饿了，面包卷的味道温暖又带着甜意，她一口气吃了三个，这使面包师很高兴。然后他就开始说话了，尽管他们疲惫不已、痛苦不堪，他们还是用心地听着面包师的倾诉，不断点头表示理解。面包师讲到自己的孤独，讲到步入中年后的疑惑和局限感。烤箱满了又空，空了又满，日复一日，年复一年，永远没个尽头。

第五章　英汉习俗文化对比与翻译

第一节　英汉称谓文化对比与翻译

一、英汉称谓文化对比

（一）英汉亲属称谓文化对比

1.称谓系统差异

在称谓系统方面，英汉语言有着明显的不同。英语亲属称谓较为简单、笼统，汉语亲属称谓系统则较为详细、复杂。就类型而言，英语亲属称谓系统属于类分式，汉语亲属称谓系统属于叙述式。

英语亲属称谓系统简单而粗疏，所以属于类分式称谓系统。类分式称谓系统以辈分来对家庭成员进行分类，其血缘关系如表 5-1 所示。

表 5-1　以辈分对家庭成员的分类

父母辈	兄弟姐妹辈	子女辈	祖父母辈	孙子孙女辈
父亲、母亲及他们的兄弟姐妹和堂、表兄弟姐妹	自己及自己的亲、堂、表兄弟姐妹	自己的儿女及他们的堂、表兄弟姐妹	自己的祖父母及他们的兄弟姐妹和堂、表兄弟姐妹	自己的孙子、孙女及他们的堂、表兄弟姐妹

由上表可知，父母、兄弟姐妹、子女、祖父母、孙子孙女辈都有具体的称

谓，其他亲属就没有较精确的称谓。例如，在父母辈中，父亲用 father，母亲用 mother，对父母的兄弟姐妹的子女则统一用 cousin。另外，英语中亲属称谓的同辈之间一般没有长幼之分，如 brother 既可以表示"哥哥"，又能表示"弟弟"；uncle 既可以指"伯伯"，又能指"叔叔"；等等。英语亲属称谓系统不会标明亲属是父系还是母系，也不区分是父系还是母系，而是仅用辈分来区分亲缘关系。所以，英语中只有 13 个亲属称谓名词及一些少量的修饰词（如 great，grand，step，half，first，second，in-law 等）可以使用。

汉语亲属称谓详细而具体，属于叙述式系统。汉语叙述式称谓制度的结构系统是以几千年来传承的"九族五服制"为基础的，既包括由血缘关系产生的亲属系统，也包括由婚姻关系产生的姻亲配偶系统。因此，汉语中的亲属称谓不但详细，而且复杂，严格区分了直系亲属和旁系亲属、父系亲属和母系亲属，同时标明了长幼尊卑。

2.长幼辈分差异

英语称谓中的长幼辈分通常都非常简单。英语亲属称谓语仅有表示祖孙三代的词语与汉语相对应，即 grandfather，grandmother，father，mother，son，daughter，grandson，granddaughter。而在表达曾祖、高祖或曾孙、玄孙等称谓时，就要用形容词 great，或将 great 与 grand 重叠使用，如 great grandfather（曾祖）。一般来说，英语中亲属称谓的长幼之分都很模糊，不采用汉语中的数字排行称谓。

相较而言，中国的亲属称谓是非常精确的，会因辈分的不同而有所不同。就目前来说，中国现代亲属称谓中的 23 个核心称谓，分别是母、父、夫、妻、子、女、兄、弟、姐、妹、嫂、媳、祖、孙、伯、叔、姑、舅、姨、侄、甥、岳、婿，并且它们都是要按辈分的。另外，中国人长辈与晚辈之间的称呼也是有讲究的，长辈能直呼晚辈的名字，而晚辈不可以直呼长辈的名字。

此外，即便属于同辈的亲属，彼此之间的称谓也会因长幼之分而不同。例如，古代妻子称丈夫的哥哥为"兄妐"，称丈夫的弟弟为"叔"，称丈夫的姐姐为"女妐"，称丈夫的妹妹为"女叔"。在现代，孩子在称呼父亲的哥哥时要用"伯"，称父亲的弟弟时则要用"叔"。对于兄弟姐妹、兄嫂弟媳之间的称呼，就需要借助数字来表示排行，如大哥、二弟、三姐、四妹、大嫂等。

3.宗族观念差异

英汉称谓会体现一定的宗族观念，具体表现为英语称谓中的宗族观念较弱，汉语称谓中的宗族观念较重。

西方人追求个性自由，倡导个人主义，所以他们的宗族观念不太明显。这一特点在英语亲属称谓中体现得尤为明显。英语中的 uncle，aunt，cousin 能表示长幼顺序，这种模糊的表达说明西方人对宗族关系看得没有中国人那么重。

中国人有很强的宗族观念，并且这种观念常与姓氏相联系。例如，伯叔与姑母属于父系亲属，舅舅与姨母则属于母系亲属，所以伯叔的子女称谓要冠以"堂"，表示其同称谓者"我"属同一宗族且姓氏相同，姑母的子女和舅舅与姨母的子女则冠以"表"，表示其同称谓者"我"姓氏不同，不属于同一个宗族。可见，汉语亲属称谓能明显体现出称谓者与被称谓者之间的关系，而英语中的 uncle、aunt、cousin 等则不能表明这种关系。

4.血亲姻亲差异

英汉称谓对血亲姻亲关系的反映程度有所不同。英语称谓文化在血缘和婚姻亲属称谓之间并没有非常显著的区别，如英语中父亲的兄弟、母亲的兄弟均可用 uncle 一词来表示。

由于汉语文化深受封建社会的影响，中国人非常注重血缘亲属关系。例如，叔叔（血缘亲属称谓）、哥哥（血缘亲属称谓）、妹妹（血缘亲属称谓）、姑父（姻缘亲属称谓）、姐夫（姻缘亲属称谓）、弟媳（姻缘亲属称谓）等。

5.尊称方式不同

西方人向来追求自由和平等，所以西方家庭的亲属都是地位平等的，并且相互之间的交流非常随意。因此，英语中的亲属称谓常和名字连在一起，如 Uncle Mike（迈克舅舅）、Aunt Annie（安妮婶婶）等。

相反，中国人一直推崇尊重长辈的传统美德，体现在亲属称谓中就是中国人常使用尊称来表达敬意。例如，中国人称呼具有亲属关系的长辈时使用尊称，称呼不具有亲属关系的长辈时则采用姓氏加亲属称谓的方式来表示尊称，如李叔叔、张伯伯等。

（二）英汉社交称谓文化对比

1.英汉普通称谓差异

所谓普通称谓，是指那些不分年龄、职业、身份，在社会交往中使用频率很高但数量不多的通称。

在英语中，常见的普通称谓有 Mr.、Mrs.、Miss、Ms.、Sir、Madam 和 Lady。

Mr.是对男性的称谓，可以与姓氏或姓名连用。它用于称呼无职称者或不了解其职称者，语气正式，表现出的人际关系不是很密切。

Mrs.是对已婚妇女的称谓，通常要与其丈夫的姓氏或婚礼后的姓名连用。

Miss 是对未婚女子的称谓，它要与姓氏连用，语气正式，表现出的社会关系一般。

Ms.是一个对女性的敬称词，由 Mrs.和 Miss 两个词合成而来。Ms.的产生与西方女性不喜欢公开婚姻状况有很大的关系。因此，对于婚姻状况不明的女性可以用 Ms.。

Sir（先生、阁下）和 Madam（夫人、女士、太太、小姐）是一组对应的敬称语，通常分别泛指男性、女性，一般不与姓氏连用，且较为正式，表达的人际关系不亲密。

Lady 也是一个对女性使用的称谓语，较为文雅，意为"贵妇""淑女"。

汉语中常见的社交称谓有如下几种。阿姨是对母辈女性的称谓。在先生、太太、女士前面加上"姓氏"，可直接对其称谓。大爷、伯伯、大叔、大妈等是一种泛亲属称谓，是经亲属称谓语转换而来的。

2.英汉头衔称谓差异

英汉语中都有将头衔作为职业、职务和职称等称谓的现象。英语中的头衔称谓适用范围小，仅限于教授、医生、博士，以及一些皇室、政界、军事界的人物等，目的是表达对这些人的尊敬。这些称谓不仅可以单独使用，还可以与姓氏连在一起使用。例如，Doctor Davis、Professor White 等。

与英语相比，汉语中的头衔称谓更加复杂。在汉语中，大部分职业、职务和职称等无论大小或显赫程度，都可作为称谓语单独使用，或与姓一起使用，如赵主任、孙会计、周教授等。在汉语中，用头衔称谓来明确显示有或大或小头衔的人是对对方的尊重。

3.英汉拟亲属称谓差异

拟亲属称谓是亲属称谓语的变体，经亲属称谓语泛化而成。拟亲属称谓的目的是表达对对方的尊敬。在英语中，很少采用拟亲属称谓。相反，拟亲属称谓方式在中国就很常见。

在汉语中，经常看到有人称呼与自己父母年龄相当或比自己父母年龄大的人为大爷、奶奶、大伯、大妈、大娘、伯母、叔叔、阿姨等。这些称谓通常会由一些核心词构成，如爷、奶、伯、妈、娘、母、叔、婶、姨等。其中，"爷"用于敬称祖父辈且年纪与祖父相当的男性，如李大爷、张爷爷。"奶奶"用于敬称祖母辈且年纪与祖母相当的已婚女性，如老奶奶、刘奶奶。"伯"用于敬称父亲辈且年纪比父亲大的男性，如伯伯、王伯伯。"娘"用于敬称母亲辈且年纪与母亲相当的已婚女性，如大娘、赵大娘。"伯母"用于敬称母亲辈且年纪与母亲相当的已婚女性。"叔"用于敬称父亲辈且年纪比父亲小的男性，如叔叔、李叔叔。"婶"用于敬称母亲辈且年纪比母亲小的已婚女性，如婶（儿）、李婶（儿）。

此外，同辈人之间也有拟兄弟姐妹的称呼。例如，对非亲属关系的同辈成年男子可称"大哥""老兄""兄弟""老弟"，对非亲属关系的同辈成年女子可称"大嫂""大姐""小妹"。

近年来，都市男女青年中还流行"哥们儿""姐儿们"的称呼，语言活泼，显示出双方密切的关系，但在翻译这些称呼时要格外小心。例如，将"这是我姐儿们。"翻译成"This is my sister."就很不妥，因为这样对方会误以为两人是亲姐妹关系。对此，正确的翻译方法应该是"This is my close friend."。

二、英汉称谓的互译

（一）亲属称谓翻译

1.祖父母辈称谓翻译

在翻译英汉语言中祖父母辈称谓时，可以直接进行翻译。

例 1：Where did you live with your grandfather?

译文：你和你的外公以前住在哪里？

例 2：黛玉方进入房时，只见两个人搀着一位鬓发如银的老母迎上来，黛玉便知是她外祖母。（曹雪芹《红楼梦》）

译文：As Daiyu entered, a silver-haired old lady supported by two maids advanced to her. She knew that this must be her grandmother.

2.父母辈称谓翻译

对英汉语言中父母辈称谓可以直接进行翻译。

例 1：She knows his uncle through this experience.

译文：她从这次经历中了解了他的叔叔。

例 2：当下贾母一一指与黛玉："这是你大舅母；这是你二舅母……"（曹雪芹《红楼梦》）

译文："This" she said, "is your elder uncle's wife. This is your second uncle's wife..."（杨宪益译）

3.兄弟姐妹辈称谓翻译

例：His cousin is preparing for the TOEFL examination.

译文：他的堂兄正在准备托福考试。

4.子女辈称谓翻译

在翻译英汉语言中子女辈称谓时，可以采用直译法。

例：My nephew is a naughty boy.

译文：我侄子是一个淘气的孩子。

5.孙子孙女辈称谓翻译

英汉语言中的孙子孙女辈称谓也能采用直译的方法进行翻译。

例：逢年过节，孙子、外孙、孙女儿、外孙女儿们都来看望她，好不热闹！

译文：During festivals, grandsons and granddaughters come to see her. How lively it is!

（二）社交称谓翻译

1.对等翻译

翻译英汉语言中社交称谓时最常用的方法就是对等翻译。

例1：1938年初秋，一个薄雾弥漫的日子，我和黄阿姨以及她的丈夫来到了伦敦，是他们把我从老家南昌千里迢迢带到英国来的。

译文：It was on a foggy day in the autumn of 1938, when I arrived in London with Aunt Huang and her husband who had brought me to England all the way from my hometown Nanchang.

例2：方博士是我世侄，我自小看他长大，知道他爱说笑话。今天天气很热，所以他有意讲些幽默的话。（钱锺书《围城》）

译文：Dr. Fang is the son of an old friend of mine. I watched him grow up and I know how much he enjoys telling jokes. It is very hot today, so he has intentionally made his lecture humorous.（珍妮·凯利，茅国权译）

2.改写翻译

有时，英汉语言中的社交称谓可能是不对应的或不对等的，所以译者就要进行一定的改写，以便可以让更多的目的语读者理解和接受。

例：刘东方的妹妹是汪处厚的拜门学生，也不时到师母家来谈谈。（钱锺书《围城》）

译文：Liu Tung-fang's sister, a former student of Wang Ch'u-hou, also dropped in sometimes to see her, calling her "Teacher's wife."（珍妮·凯利、茅国权译）

第二节　英汉习语文化对比与翻译

习语是某一语言在长期使用过程中所形成的独特、固定的表达方式，在语言方面呈现出通俗、精辟、寓意深刻等特点。作为语言中的精华，习语不但包含多姿多彩的文化内容，而且反映出不同民族独有的文化特色。本节先对英汉习语文化进行对比，然后对其互译进行分析。

一、英汉习语文化对比

（一）英汉习语结构形式对比

从结构形式方面来看，英汉习语存在诸多不同。

1.英语习语的结构形式

就英语习语而言，其结构形式的灵活性特点比较明显，可松可紧、可长可短。

例：What one loses on the swings, one gets back on the roundabouts.

译文：失之东隅，收之桑榆。

2.汉语习语的结构形式

汉语习语的结构形式整体呈现出用词简练、结构紧凑的特点，并且大多为词组性短语。从字数来看，汉语习语多为两个字、三个字或四个字的结构形式。当然，也有小部分字数较多的对偶性短句。例如："踏破铁鞋无觅处，得来全不费工夫""螳螂捕蝉，黄雀在后"，但是，这类汉语习语实属凤毛麟角。

（二）英汉习语对应程度对比

整体而言，英汉习语在对应程度方面存在对应、半对应和不对应的情况。下面就对这几种情况进行具体分析。

1.英汉习语的对应性

虽然以英语为母语的国家和中国在思维方式、生活习惯、认知能力等方面存在着诸多差异，但是二者赖以生存的外部条件，包括地理状况、季节更迭、气候变化等，仍存在着各种共性。这种共同的认知反映在语言层面便可通过习语表达出来，英语和汉语都是如此，英语中有许多习语在字面意义、喻体形象和比喻意义方面与汉语习语存在一致性。这些习语在两种语言中不仅具有相同的语义，在表达方式与结构上也高度相似，并且这种对应关系在字面意义上便一目了然，这些习语被称为"相互对应的习语"。例如：

pour oil on the flame　火上浇油

throw cold water on　泼冷水

Think with the wise, but talk with the vulgar. 与智者同思，与庸人同谈。

2.英汉习语的半对应性

英汉习语与其民族的文化历史渊源密切相关，并蕴含于社会、历史、心理、民俗等各类现象中。英汉习语的意义兼顾字面意义和文化意义。在理解习语的同时，我们要对其意象加以转换，用合适的目的语阐释其内涵。这些不完全对应的习语被人们称为"半对应的英汉习语"。例如：

after one's own heart　正中下怀

plentiful as blackberries　多如牛毛

as silent as the grave　守口如瓶

A word spoken is past recalling. 一言既出，驷马难追。

3.英汉习语的非对应性

由于中西方文化的差异，有的事物或现象你有我无，反之亦然。在语言词汇或表达习惯上难免会出现各种各样的偏差。在英语习语中，存在大量与汉语习惯用法和中华文化特征大相径庭的习语，即"非对应的习语"。例如：

bull market 牛市

bear market 熊市

二、英汉习语的互译

（一）保留形象释义法

保留形象释义法就是在对英汉习语进行互译时，保留原文中的人物、事件等的原有形象，为了方便译入语读者的理解，对这些原有形象进行进一步解释的方法。

（二）变换形象意译法

变换形象意译法是指在翻译习语时，为了使目的语读者完全理解原文意思，采用不再保留原文中人物等原有形象而变换形象意译的方法。

例：这都是汪太太生出来的事，"解铃还须系铃人"，我明天去找她。（钱锺书《围城》）

译文：Mrs. Wang is the one who started it all, "Whoever ties the bell around the tiger's neck must untie it", I am going to see her tomorrow.（珍妮·凯利，茅国权译）

分析：在对本例中"解铃还须系铃人"这一习语进行翻译时，采用了变换形象意译的方法。

（三）舍弃形象意译法

舍弃形象意译法就是指将原文中的人物等形象完全舍弃掉，纯粹采用意译法进行翻译。

例：姐姐通今博古，色色都知道，怎么连这一出戏的名字也不知道，就说了这么一串子，这叫"负荆请罪"。（曹雪芹《红楼梦》）

译文：Why, cousin, surely you're sufficiently well versed in ancient and modern literature to know the title of that opera. Why do you have to describe it? It's called Abject Apologies.（杨宪益、戴乃迭译）

分析：在对本例中的"负荆请罪"进行翻译时，舍弃其原有形象进行了意译。

（四）转换形象套译法

由于汉英两种语言的差异及不同的民族文化背景，习语在翻译时需要转换为目的语读者所熟悉的形象。一些习语在内容和形式上都相符合，即对某一具体问题的思维方式和结果以及具体的表达形式有不谋而合的情况，两者不但有相同的隐义，而且有大体相同的形象和比喻。因此，可以使用套译以达到语义对等的效果。例如：

spend money like water 挥金如土

While there is life, there is hope. 留得青山在，不怕没柴烧。

第六章　跨文化视角下翻译实践

第一节　新闻语言的特点与翻译

一、新闻翻译概述

英语新闻翻译无论是在英语专业的翻译课堂中还是在新闻专业的课堂中，通常只是泛泛而谈或者轻描淡写，在翻译界中不被重视。然而英语新闻翻译却有着悠久的历史，伴随着报纸的产生而持续至今。面对迅猛发展的传媒事业以及日益频繁的国际化交流，英语新闻翻译背负着重要的使命。下面从三个方面简要介绍一下这一古老而又陌生的领域。

（一）英语新闻翻译的范畴

新闻泛指在各种媒体上，如报纸、杂志、电视、广播、网站上登载的各种文章，其体裁多种多样，包括消息、通讯、特写、广告、文艺作品、评论、访谈等；内容包罗万象，比如政治、经济、文化、科技、体育、人物等。因此，英语新闻翻译就是指通过各种翻译技巧和方法将新闻翻译成目的语文章。

（二）英语新闻翻译的原则

"信、达、雅"一直是翻译界尊崇的标准，但并不完全适用于新闻翻译。新闻具有真实、新鲜、及时、扼要的鲜明特点，而且语言、文化、价值观的差异让英语新闻翻译的原则长期以来备受争议。"信"要求新闻必须向人们提供真实客观的信息，重点在事实本身。不过，我国学者吴自选在做了多年为 CNN 选送新闻短片的工作后对此标准提出了质疑，他认为新闻译者为了取得更好的对外传播效果，有时不得不背叛原文。在翻译英语新闻标题时应考虑新闻标题的三大功能：提炼内容、美化版面、吸引读者。据此他进一步提出了英语新闻标题的翻译准则：第一，准确理解标题，用词力求精练；第二，把握原题含义，照顾译题特点；第三，传播积极信息，维护民族感情；第四，恰当运用修辞，体现标题魅力。学者陈明瑶提出了新闻翻译中导语等值的翻译标准，所谓翻译等值就是保持源语与目的语的信息对等。她认为导语等值翻译的前提是正确对导语进行分类，然后根据具体类别采取不同的翻译方法。信和达是关键，雅是补充。具体而言，如果是概括性导语，从句重叠，则需要译者进行分析调整，忠实于原文，简明达意。如果是原因式导语，则需要强调关联词、强调主从关系、强调逻辑关联。如果是延缓性导语，则可以采取适当的文学加工，以在求信、求达的前提下求雅。如果是引语式导语，则要十分重视说话人的言语特点、语气等。

（三）新闻主要文体与结构类型

新闻的主要文体类型包括：消息报道（news reporting）、特写（feature）和社论（editorial）。

新闻文体的结构包括：标题（headline），概括突出全文中心；导语（lead or introduction），新闻的第一段，引出主要话题和最主要的事实；主体（body），提供更多的细节，即五个 W（who，when，where，what，why）和一个 H（how），使事实更加确切、具体，并引出问题，发表评论，是新闻的主十部分；结语（conclusion），新闻的最后一句话，根据具体情况取舍；背景（background），阐述事实发生的背景，包括历史、环境、条件等，可穿插在导语、主体或者结语部分。前三者为主要部分，后两者为辅助部分。

英语新闻报道的主体常用倒金字塔结构，即以事实的重要性递减顺序安排内容。这种结构从受众角度出发，能够使读者第一时间获取最主要的事件真相，选取自己最感兴趣的内容进行阅读。

二、新闻词汇的特点与翻译

（一）英语新闻词汇的特点

英语新闻词汇种类五花八门，本节将选取其中较有代表性的词汇，举例说明其特点。

1.使用借代词

当今英文报刊种类繁多，竞争激烈。为了使文章更加生动形象，更具吸引力，新闻记者在撰写新闻稿件时经常使用各种修辞手法，尤其喜欢用借代的修辞手法来描述新闻事件，以进一步激发读者的阅读兴趣。

（1）人体组织借代抽象行为或能力

例：He couldn't speak, but mouthed the words…"I don't want to die. Please don't let me die."（*China Daily*）

分析：委内瑞拉总统查韦斯在多轮化疗后饱受折磨，已经不能说话了，"mouth"词性为名词，原指嘴巴，此处用"mouthed"表示周围的人只能从他的口型看出他说的是"我不想死，请救救我"这句话。

（2）地名借代某个事件或事物

比较常见的有以政府所在地代表当局，如 Beijing（北京）借代中国政府，White House（白宫）借代美国政府。标志性建筑代表某行业，如 Wall Street（华尔街）借代金融业，Broadway（百老汇）借代戏剧业，Hollywood（好莱坞）借代电影业。

2.使用缩略词

在新闻传播领域随处可见缩略词，尤其是一些著名组织和机构，其缩略词已为大众所接受且方便记忆。如 UN（United Nations，联合国）、EU（European Union，欧盟）、ADB（Asian Development Bank，亚洲开发银行）、WB（World Bank，世界银行）、ASEAN（Association of Southeast Asian Nations，东南亚国家联盟）等。为了节省版面，新闻报道还大量使用通行的缩写式词语。如 eco-friendly（环保的），e-zine（电子杂志）等。词义宽泛，形体短小的词可以美化版面，简化文字，因而在新闻写作中十分常用。

3.使用借用词

不同语言之间词汇的互相借用称为借词现象。随着国际经贸、文化交流越来越频繁，许多具有中国特色的汉语借词出现在各种外国媒体中。比如，早已闻名国外的粤式点心，根据谐音用"dim sum"表达，传统的中国武术用"Kongfu"表达等。外来词的借用极大地丰富了英语新闻的表达，更能准确地表达深层意义。

4.使用新词

随着社会经济的发展，越来越多的新事物、新现象涌现出来。新闻报道"新鲜"的特点注定其必然会使用新词表达这些全新的概念。比如，生活水平的改善催生了各种人群，出现了"DINKWAD"（double income, no kids, with a dog，丁狗族），即丁克家庭的延伸，指高收入没有孩子只养狗狗的人群；"strawberry generation"（草莓族），指刚刚参加工作一两年的独生子女一代。他们大都受过良好的教育，但多以自我为中心，过分注重外表和物质享受。再比如，随着工作压力的增加而产生的一系列新词，"flash quit"（闪辞）描述在当今社会中许多年轻人短期内动辄辞职的现象；"boss key"（老板键）指能够快速隐藏游戏界面的快捷键，以躲过老板的巡视。

上述几类新词，虽然有时与原意风马牛不相及，但在英语新闻中却层出不穷，大大丰富了新闻英语的词汇。

（二）英语新闻词汇的翻译

英语新闻词汇丰富多彩，推陈出新，总会在简洁明快之余，让人有耳目一新的感受，用词雅致考究却又通俗易懂，满足大众需求却又不失其舆论导向地位。

首先，对于借用词，译者可以通过推敲其本义，活用词性，进而把握其用意。其次，对于缩略词，译者必须熟悉常用缩略词，归纳分类，这样才能快速完成翻译工作。译者在翻译首字母缩写词时可以采用"省译"的方法，即直接使用缩写词，但在翻译缩写式词语时，需要根据具体意思进行翻译。再次，对于借用词，要求译者了解借用源语言的内涵，了解其文化，经过查证后再做翻译，以免引起误解。最后，针对新词，译者在对其进行处理时需要循序渐进，在翻译时有必要进行补充解释，使读者更好地理解新词的含义。另外，在翻译新词时应有足够的敏感度，要区分陈词新用，以免造成误解和误译。

三、新闻标题的特点与翻译

（一）英文标题的词汇特点（Lexical Features）

1.广泛使用名词（The Use of Nouns）
Business studies losing appeal（*China Daily*）失宠的商务学习
Bilingual education on the rise（*China Daily*）受宠的双语教学
2.广泛使用简短小词（The Use of Midget Words）
help—assistance 帮助
ease—facilitate 便利
fire—conflagration 火
feud—controversy 争论
talk—address 和……说话

try—attempt 试图

home—residence 住所

begin—implement 实施

row—conflict 冲突

envoy—ambassador 使节

car—vehicle 交通工具

enough—sufficient 足够的

probe—investigate 调查

pact—agreement 协议

3.使用缩略语（Abbreviations Acronyms & Initials）

NPC（the National People's Congress）全国人民代表大会

CPPCC（Chinese People's Political Consultative Conference）中国人民政治协商会议

biz＝business（商业）

lib＝liberation（解放）

pro＝professional（专业的；职业的）

tech＝technology（技术）

pix＝pictures（电影）

Russ＝Russia（俄罗斯）

chute＝parachute（降落伞）

copter＝helicopter（直升机）

China approves 15 bln USD in infrastructure projects（*China Daily*）中国通过150 亿美元的基础设施项目预算

（二）英文标题的语法特点（Grammatical Features）

1.广泛使用现在时，兼用其他时态

（1）新闻现在时（Journalistic present tense）

China wants to join European Bank for Reconstruction and Development（*China Daily*）中国欲加入欧洲复兴开发银行

（2）其他时态（Other tenses）

Chinese immigrant sentenced for killing cousin's family（*China Daily*）中国移民杀害表亲被判刑

2.广泛使用非谓语动词（Non-finite Verbs）

"Linsanity" still alive and well in China "林疯狂"再现中国

Palace Museum to give sanitation workers free access（*China Daily*）环卫工人可免费参观故宫

Helping the Homeless to Help Themselves 帮助无家可归者自强自立

Looking Back to Look Ahead 回首往昔，展望未来

（三）英文标题的修辞特点（Rhetorical Features）

1.简约（Short and Simple）

Works of a modern ink master（*China Daily*）现代墨水匠的作品

Tastes of the tea（*China Daily*）品茶

Time for luxury（*China Daily*）时光名贵

2.使用俚俗词语（Slang and Colloquialism）

Japan OKs law to lower voting age to 18（*China Daily*）日本通过宪法将法定投票年龄降至 18 岁

3.使用修辞格（Figures of Speech）

①押韵（rhyme）

After the Boom, Everything Is Gloom 繁荣过后，尽是萧条

②双关（pun）

Soccer Kicks Off with Violence　足球开赛拳打脚踢

③比喻（metaphor）

Russian Reform — Old Wine in New Bottle　俄罗斯改革——新瓶装旧酒

④夸张（hyperbole）

A Vow to Zip His Lips　誓将守口如瓶

⑤仿拟（parody）

Liberty: Mother of Success　自由：成功之母

（四）英语新闻标题的汉译技巧（Translation Strategies）

1.直译或基本直译

如果英语新闻标题的含义明白、直接，译成汉语以后，中国读者不至于产生理解困难，则可直译或基本直译。例如：

90 million couples eligible under national two-child policy（*China Daily*）二胎全面放开后中国将有 9 000 万夫妇符合条件

2.添加注释性词语

即使是通俗易懂的新闻标题，我们在汉译时也常需酌情加上逻辑主语，或新闻人物的国籍、事发地点等。总之，应兼顾中英语新闻标题之异同，适当增补有关介绍性、注释性词语，便于读者理解，避免产生误会。例如：

Oxford in China looking for potential visiting scholars（*China Daily*）牛津大学在华物色访问学者

Reforms pace "needs to quicken", economists urge（*China Daily*）中国经济学者催促改革加快步伐

3.体现原文修辞特点，灵活处理修辞差异

如果英语标题使用某种修辞手段，如双关、比喻、押韵等，译成汉语以后中国读者不至于产生理解困难，则应尽可能体现原标题的修辞特色。例如：

Accuser Accused 原告没当成，反而成被告

英语标题使用某种修辞手段，而这种修辞手段在语言转换中如与汉语难以契合，则不妨意译，即舍弃原来的英语标题，按内容概括出合适的译文标题，切忌生搬硬套，译成晦涩难懂的句子。同时适当照顾汉语新闻标题的特点，多用动词、尾韵、对仗等。例如：

押韵：Desperate Need, Desperate Deed 燃眉之急，非常行动

典故：1990: Year Of Marco Polo China 1990 年："中国热"的一年

双关："Silent" Office Workers Demand To Be Heard "不闻不问"的办公室员工今后将不再不闻不问了

四、新闻导语的特点与翻译

（一）新闻导语的特点

导语起着开门见山、开宗明义的作用，以最精练的语言将新闻中最重要、最关键的内容概括出来，是新闻报道的精华所在，使读者读完这段文字之后就能得知整则新闻的主要内容。导语是否生动有趣，常常决定读者或受众是否继续关注该新闻的详细内容。

1.突出和强调最新和最重要的新闻事实

新闻导语首先要突出和强调最新和最重要的新闻事实，即读者未知的消息，与此同时，以最简洁的文字说明该新闻事实的相关背景（如新闻事件发生的时间、地点以及原因等）。导语的高度浓缩性和概括性要求导语至少要揭示新闻的几个最基本要素，即新闻人物（who）、新闻事实（what）、新闻发生的时间（when）、新闻发生的地点（where），也有学者主张把其他两个新闻要素，即为何发生（why）和如何发生（how）也写入导语中去。总之，新闻导语应以最少的字数提供尽可能多的新闻信息。

2.导语要简明扼要

英语新闻导语往往只有一句话,如美联社就要求新闻导语的字数不超过 25 个单词。《中国新闻实用大辞典》认为中文导语以 5 行（110 字）为限。好的导语应该简明扼要、直截了当、字字如金,避免空话、套话、废话,不要言不及义。

3.导语要有吸引力

新闻的导语如同标题一样,要能吸引读者,让读者产生依依不舍的感觉。这就要求导语除了涵盖新闻事实的要点,还要运用尽可能多的语言手段调动读者的阅读兴趣,增强文章的形象性和可读性。

（二）新闻导语的结构

好的英语导语常常只用一句话来表达,这句话既可以是"扩展的简单句"（即主谓结构＋非谓语形式的修饰成分）,也可以是主从复合句。因此,英语新闻导语的句式常常表现为信息容量大,结构紧凑,语义逻辑结构比较复杂。这一特征也是新闻消息区别于其他新闻体裁的重要文体特征。我们可阅读并分析下面这一则新闻消息的导语来理解这一特征。

A major earthquake struck the remote Afghan northeast on Monday, killing more than 200 people in Afghanistan and nearby northern Pakistan, injuring hundreds and sending shock waves as far as New Delhi, officials said.（VOA）

该新闻导语包含以下内容:其一是新闻（新闻事件的性质和经过）:阿富汗东北部发生地震造成伤亡。其二是背景:①Who——事件涉及的人物:200 人（200 people）;②Why——事件发生的原因:强震（A major earthquake）;③When——事件发生的时间:周一（Monday）;④Where——事件发生的地点:阿富汗东北部偏远地区（the remote Afghan northeast）;⑤How——事件发生的情形:数百人受伤,地震波及新德里（injuring hundreds and sending shock waves as far as New Delhi）。

（三）新闻导语的分类及其翻译

依据报道的信息层次，新闻导语可分为单项新闻事实导语和多项新闻事实导语。

1.单项新闻事实导语的翻译

单项新闻事实导语只涉及一个新闻事实或事件，有时可不提供新闻背景，因为该新闻背景一般是众所周知的。这种单项事实导语即使提供了背景，该背景也是对新闻事件的性质或事件发生的地点、时间、方式或人物的身份做补充，并不涉及其他新闻事件或事实。单项新闻事实导语的翻译一般可先将新闻事件直接翻译出来，如有背景，可将其翻译成前置定语放在新闻句之前，或翻译成一个独立句放在新闻句之后。

2.多项新闻事实导语的翻译

多项新闻事实导语的结构比较复杂，因为该类型的导语不仅包含两个以上的新闻事实，同时还涉及其他事件的背景事实。所以，在"新闻"和"背景"之间会出现很复杂的逻辑关系。其语义逻辑结构可分为：因果型（cause and effect）、条件/目的型（conditional/purposive）和对比/发展型（contrast and development）。其语法结构也表现为多样化，既有"扩展的简单句"（简单句＋非谓语形式的扩展成分，如介词短语、分词短语、不定式短语和同位语短语），又有主从复合句。翻译这种类型的导语时，我们不仅要分清"新闻"和"背景"，还要搞清楚它们各自的内容，以及它们之间的逻辑关系。例如：

China's Internet conglomerate Alibaba has signed an agreement with Youku Tudou Inc. on an all-cash offer to acquire the rest of the country's most popular online video streaming website.（*China Daily*）

这条导语包含了三条新闻事实：①Alibaba has signed an agreement with Youku Tudou Inc.；②on an all-cash offer；③to acquire the rest of the country's most popular online video streaming website。

在这三条新闻事实中，①是"主要新闻"，②和③是"背景新闻"。这三个新闻事实之间存在着一定的逻辑关系，①和③之间存在着因果关系，②和③之间又是并列关系，③是①的原因。清楚了这个逻辑关系以后，这则导语便可以翻译为：中国互联网集团阿里巴巴与优酷土豆股份有限公司签订了协议，将以全现金方式收购最受欢迎的在线视频流媒体网站优酷土豆的剩余股份。

五、新闻语言翻译技巧

虽然英语在新闻传播中广泛应用，但是中西方文化存在一定差异，尤其是语言表达和思维方式方面的差异，所以在新闻翻译中要特别考虑中国读者的接受程度，在用词、用句上应该根据具体情况做出调整。

（一）词汇方面的调整

1.理解好惯用新闻词汇的特定含义

例如，dove 不能译为"鸽子"，而应译为"鸽派，和解派"；egg 不能译为"蛋"，而应译为"炸弹，手榴弹"。英语新闻翻译者应对惯用词汇及固定表达十分了解。比如，新闻英语中表示"发生"（happen）的单词或词组极其丰富，如 occur, strike, burst, come about, take place, break out, arise, turn up 等，它们之间在含义和修辞色彩上都互有差别，但最基本的意思是"发生，出现"。

2.形象用语的处理

汉语历来有使用形象加强表达的传统，现实社会中人们也喜欢用些大众喜闻乐见的形象表达增强语言的感染力，因此即使在极为正式的政治、经济文件中也不时闪现出这类活泼、生动的形象表达，如"奔小康"（strive for a relatively comfortable life）、"立体快巴"（straddling bus）、"慢递"（future mail）、"钻石王老五"（diamond bachelor）等，极大地增强了宣传效果。然而翻译时，由于这类带有典型中国文化色彩的形象表达大多在英语中不易找到相应的对等词，因而直译与意译应视情况而定，不可脱离上下文。一般来说，形象的翻译不外乎有下面几种情况：

（1）形象相同，喻义相近

这种情况最宜采用直译法。

例 1：Their choice reflects a common phenomenon: more people are accepting "naked" marriages.（*China Daily*）

译文：他们的选择反映了一个普遍的现象：越来越多的人已经开始接受"裸婚"。

例 2：But she once said: "I dare not get married because I have a marriage phobia."（*China Daily*）

译文：但她曾说过："我不敢结婚因为我有婚前恐惧症。"

例 3：Affordable housing is also likely to be big on the agenda, with the government looking to build on the 21 million affordable homes built during the current plan period.（*China Daily*）

译文：随着政府在现阶段计划为 2 100 万家庭建造经济适用房，因此经济适用房将在预算中占较大比重。

（2）源语、目的语中都有约定俗成的形象用语，喻义相近但本体不同

这种情况可依从译文习惯进行翻译。汉、英语各自都有形象表达，且约定俗成，尽管本体不同，但都指向同一喻义，异曲同工。例如：

汉：暗箱操作 英：under-the-counter operations

汉：裙带经济 英：crony economy

汉：打白条 英：to issue IOUs

汉："拳头"产品 英：knocked-out products

再看下面这个具体实例：

Japan and the "Four Asian Tigers" have made huge success because their governments purposefully guided the upgrading of industrial structure.（*China Daily*）

译文：日本以及"亚洲四小龙"之所以取得巨大的成功，得益于其政府在产业结构升级过程中的有效引导。

分析："tiger"（老虎）是凶猛、代表力量的动物，但中国读者显然更容易接受华夏民族的崇拜图腾"龙"。

（3）去掉形象完全不译

这种情况下，原文的形象一般只是上下文语气的延伸或补充，意在加深印象和强化语气，其喻义已隐含在特定的上下文中。为避免行文累赘或语义重复，一般可省去不译。

例：If you could be hired by a big-name company, you would be considered a lucky dog.（*China Daily*）

译文：如果你被大公司录用了，大家就都觉得你是幸运儿了。

分析："lucky dog"常用来表达运气好，但"狗"在汉语中常带有贬义，如"狗眼看人低""丧家犬"等，因此更恰当的翻译是"幸运儿"。

（二）句式方面的调整

1.时态使用

在时态使用上，中国人认为新闻已经发生，常用"了""已经""过"等词汇描述成过去的事情，而英语新闻常使用一般现在时。新闻撰稿者一般现在时呈现新闻，目的在于使新闻能够呈现新鲜出炉、跃然纸上的真实感，以吸引读者。例如：

Early snow blankets northern regions（*China Daily*）　初雪覆盖北方地区

Students learn a lesson on married life（*China Daily*）　在校生学习如何婚后生活

2.省略句和扩展的简单句的使用

由于媒体篇幅有限，新闻需要用精简、概括的表达传达最重要的信息。英语新闻常用省略句和扩展的简单句。常见的方法有使用同位语、介词短语、分词短语等语言成分扩展简单句。有时还较多地使用插入语代替从句，从而简化句子结构。请看下面这个例子：

Panasonic has provided $1.4 million in scholarships to 36 universities and colleges in China through a talent fund over the past 20 years, benefiting 8,706 students, according to the Chinese People's Association for Friendship with Foreign Countries. The Panasonic Yuying Fund was set up in 1995 when Panasonic donated $1 million to the China Friendship Foundation for Peace and Development through the China-Japan Friendship Association. It is intended to finance excellent students suffering financial difficulties in Chinese universities to finish college study and has covered top universities such as Peking University as well as those in less developed areas such as in Yunnan and Guizhou provinces. The fund has inspired many students to pursue excellence at school and after graduation, and serves as a symbol for the friendship and cooperation between the Chinese and Japanese people, the Chinese People's Association for Friendship with Foreign Countries said in a statement on Wednesday. Panasonic Co. will make more efforts to support exchanges between universities and enterprises and encourage students in Chinese universities, according to the company. （*China Daily*）

这篇报道全文使用五个句子，除去一句导语，还使用了两个被动句以及两个主动句，丰富的信息均隐含在简单句结构中。

（三）其他方面的调整

翻译新闻时如果仅仅平铺直叙，或拘泥于原文硬译，生搬硬套，而不顾及文体和语言特点，就很难使读者产生联想和情感上的共鸣，这样的翻译是失败的。因此，当原文中有双关、押韵或暗喻时，我们应该仔细斟酌汉语的对应词汇，使译文能更好地体现原文的特色。

例：Famed investor Warren Buffett confirmed in a CCTV-2 interview that he lends his voice to a cartoon character named "Mr Buffett" in "Secret Millionaires Club", *Oriental Morning Post* reported Wednesday. (*China Daily*) （暗喻）

译文：据《东方早报》周三报道，"股神"沃伦·巴菲特在接受央视财经频道采访时，确认了他为《秘密百万富翁俱乐部》中的卡通人物"巴菲特先生"配音的消息。

总之，英语新闻具有鲜明的语言特点，译者应该掌握其规律，在翻译过程中根据目标读者的需求选用适当的翻译策略和技巧，以提高新闻的传播效果。

第二节　营销语言的特点与翻译

营销学是 19 世纪二三十年代首先在美洲大陆兴起的，之后迅速发展，成为一门深受人们重视的全球性学科。这门以大市场为研究对象的学科涉及的原理、方法和技巧关系到企业经营的成败。随着中国经济日益和世界接轨，营销学的理论和知识引起了中国企业经营者、实业家和学术界的普遍关注。

在现代英语逐渐成为国际商业社会通用语言的今天，营销英语（Marketing English）的重要性不言而喻。因为它是理解营销学最直接的语言，也是国际经济交流必不可少的沟通手段。营销英语属于专门用途英语（English for Specific Purposes，以下简称 ESP）的一个分支，有着普通用途英语（English for General Purposes，以下简称 EGP）的语体特征，即使用英语词汇、遵循英语语法、体现英语思维，同时也具有自身鲜明的语言特征。但作为 ESP 的一个分支，营销英语又具有区别于 EGP 的自身语体特征。ESP 具有以下四个特征：①满足特定学习者的需求；②内容上与特定专业和职业相关；③词汇、句法和语篇应用于特定专业、职业相关的活动中；④与普通英语形成对照。总的来说，营销英语，作为 ESP 的变体，具有以上 ESP 的共同特征：它是市场营销领域的特定语言，词汇、句法上既有普通英语的特征又有自身的专业特征。为了规范市场营销英语翻译，首先应了解其词汇、句子及语篇特点。下文将一一阐述营销英语的词汇、句法及篇章特点，以便学生了解营销语言的特征以及如何根据这些特征进行翻译。

一、营销英语词汇的特点与翻译

（一）营销词汇的特点

市场营销语言是一种专门性语言，由于语境特殊，其词汇有着鲜明的专业特征。营销英语用词简洁、规范，强调准确性。在语言的应用过程中，其词汇往往表现出专业性强，多用术语、缩略词等特点。

1.营销词汇的专业化与术语化特点

营销英语的语境决定或制约着部分词汇的语义，因此这些词汇具有比较明显的专业特征，构成了营销英语的专业词汇。专业词汇是指那些在某一学科、某一领域或某一行业中专用的词汇，这些词汇一般意义比较单一，一词多义的现象较少，翻译时，一般借助于专业词典都能解决，而且这部分词汇的重复率较高。由于营销活动很大程度上与经济状况、经济活动密不可分，因此营销英语与经济英语共用很大一部分的专业词汇。

营销英语与普通英语的最大区别之一就是营销英语专业名词和专业术语多，而且许多常用词被赋予特殊的含义。许多普通英语词汇在营销英语中既有普通含义，又被赋予了新意义，进而发展成为营销专业词汇和术语。例如，"discount"意为"折扣"，而在"discount rate"和"discount company"中的意思为"贴现"。再比如，普通英语中"promotion"和"distribution"的意义分别是"提升"和"分发"，但在营销英语中它们却被赋予了特殊含义："promotion"意为"宣传推广"，因此"sales promotion"是"促销"的意思；

而"distribution networks"是"销售网"，"distribution channels"则是"销售渠道"。此类词汇还有："market share"（市场份额），"franchisee"（特约经销方），"price index"（价格指数），"broker"（经纪人），"fluctuations"（价格浮动）等。此外，营销英语词汇中有一部分专有名词，在汉语中能够找到与其对应的概念或术语。如"marketing performance"（营销业绩），"ill will"（不良声誉），"box top"（随商品赠送的小礼盒），"general line"（杂货）等。在营销语境中，这些专业词汇和术语对文本的理解和营销关键知识的掌握起着重要的限制和提示作用。下面以一则市场营销方面的商务英语阅读材料为例进行说明。

Marketing is a collection of activities that include selling, advertising, public relations, sales promotions, research, new products development, package design, merchandising, the provision of after-sales service, and exporting. The term marketing mix describes thc combination of marketing elements used in a given situation.

Appropriate mixtures vary depending on the firm and industry. Major elements of the marketing mix can be listed under four headings: Promotion-including advertising, merchandising, public rclations, and the utilization of salespeople; product-design and quality of output, assessment of consumer needs, choice of which products to offer for sale, and after-sales service; price-choice of pricing strategy and prediction of competitors' responses; place-selection of distribution channels and transport arrangements.

这两段话中共有 100 多个词汇，其中就有"marketing"（市场营销）、"selling"（销售）、"public relations"（公共关系）、"sales promotion"（促销）、"new product development"（新产品开发）、"package design"（包装设计）、"merchandising"（销售规划）、"after-sales service"（售后服务）"marketing mix"（营销组合）、"promotion"（宣传推广）、"pricing strategy"（定价策略）、"distribution channels"（销售渠道）、"transport arrangement"

（运输安排）等 10 多个营销专业词汇和术语，这些专业词汇是理解这段话的关键所在。可见要做好营销英语的翻译，掌握专业词汇和术语是首先要解决的问题。

2.营销词汇的结构特点

营销英语词汇具有专业特征，其较严谨的文体特征赋予了词汇书面化、抽象化、繁复化等特征。

（1）多用繁复短语代替介词和连词

in terms of—on/about 关于

with reference to—about 关于

with regards to—about 关于

in favor of—for/to 为了/对于

for the purpose of—for 为了

prior to—before 在……之前

（2）多用大词和笨重词代替日常用词

objective—goal 目标；目的

preference—taste/likeness 爱好；倾向

lengthy—long 长的

spectrum—range/scope 范围

cluster—group 群，组

purchase—buy 购买

（3）多使用抽象名词词组代替动词

the performance of—perform 表现/操作

in the production of—produce 生产

in the operation of—operate 操作

a grasp of—grasp 抓住/掌握

the consumption of—consume 消费

the growth of—grow 生长/增长

（4）多用复合词作定语

government-encouraged promotion 政府鼓励的促销

life-cycle concept 生命循环概念

attribute-based service 特色服务

owned-goods service 自由产品服务

in-depth research 深入研究

custom-made goods 定制商品

（5）大量使用名词性词组

consumer analysis 消费者分析

company decision 公司决定

sales forecast 销售预测

coupon offer 赠券

production era 生产时代

3.多用缩略词

GNP—Gross National Product 国民生产总值

IBM—International Business Machines 国际商务机器公司

PI—Personal Income 个人收入

NI—National Income 国家收入

STP—Segmentation, Targeting and Positioning 市场细分，目标市场和定位

CRM—Customer Relationship Management 客户关系管理

STAS—Short Term Advertising Strength 短期广告效果

4P—Product, Price, Place and Promotion 产品、定价、渠道和促销

（二）营销词汇的翻译

营销英语词汇是从日常生活的普通词汇演变而来的专业词汇，因此当这些词汇应用到营销领域的时候，仍然以原来普通词汇的意义为基础，根据不同的

语境，翻译的时候采用不同的翻译策略与方法。在应用过程中，如若营销英语的语义特征发生的变化不大，可采用直译法进行翻译；若语义变化比较大，直译法不能达意，就应该用意译法或其他翻译方法来翻译。

例：Marketing research is a major component or subsystem within a marketing information system. It is used in a very wide variety of marketing situations.

译文：营销调查是营销信息系统内的一个主要部分或分系统，它被广泛应用于各种营销环境。

分析："Marketing research"（营销调查）、"subsystem"（分系统）、"marketing situations"（营销环境）等词汇运用灵活的直译法就能清楚地译出原文的基本意义。

二、营销英语句法的特点与翻译

（1）营销英语中长句较多并且多使用复合句及并列句，其结构严谨，体现信息的完整性和严密性。句子虽然较长，但理解上并不困难。

例1：What consumers really want is offers that dazzle their senses, touch their hearts, and stimulate their minds.

译文：顾客真正需要的是能够刺激感官、打动内心和触动思想的产品。

例2：Market size depends on the number of people who exhibit the need, have resources to engage in exchange, and are willing to exchange these resources for what they want.

译文：市场大小取决于有需求的人数，参与交换的资源和交换需要的意愿。

例3：Sellers must search for buyers, identify their needs, design good marketing offers, set prices for them, promote them, and store and deliver them.

译文：卖家必须寻找买家，确定其需求，设计有吸引力的营销方式，定价，促销，而后贮存，最后运送。

例 4：Because of the trend toward impulse buying, greater emphasis must be placed on promotional programs to get people into the store.

译文：因为消费者越来越倾向于冲动性购买，销售人员必须加强促销活动以吸引顾客进入商店。

例 5：Attention should be given to income distribution as well as average income.

译文：营销者应关注收入分配及平均收入。

分析：该句如果直译成被动语态，不符合中文的表达习惯，不如变被动为主动，根据语境和专业知识增补合适的主语。

（2）营销英语有约定俗成的修辞表达，一般较少使用修辞手法，有一些借代的手法用于固定的表达。

例：There are striking contrasts in spending patterns between people in the full-nest stage with very young children and old people in the empty nest stage.

译文：父母双全并有孩子的满巢家庭和只有年迈父母的空巢家庭有着截然不同的消费模式。

分析："full-nest"可译为"满巢"，用来指代那些夫妻双方都健在还有孩子的家庭，而"empty nest"译为"空巢"，指代孩子长大自立后父母独自在家的家庭。

（3）英语与汉语句子最大的区别就在于长度上的区别，英语句子长，汉语句子短。在营销英语长句中，为了保持句子结构合理、平衡，往往将句中的中心词或词组前移，而汉语由于更注重语言结构的节奏感和逻辑性，往往侧重于语言的经济效用和逻辑效用。

例：One way of explaining the importance of marketing in our economy is to consider how we would live if there were no marketing facilities.

译文 1：一种解释营销对我们的经济的重要性的方法是去考虑一下如果没有了营销的便利，我们该如何生存。

译文 2：要解释营销在经济中的重要性，方法之一就是考虑一下如果没有了营销的便利，我们该如何生存。

分析：译文 1 虽严格遵循了原文的词序，但显得臃肿繁复，读起来不仅毫无节奏感，而且还有一种喘不过气的感觉，译文 2 调整了词序，符合中文逻辑。

此外，为了保持句子结构平衡，在汉译的过程中还可将原文的长句拆分成几个短句，以增强译句的节奏感和可读性。由于汉语结构的需要，在拆译的过程中，往往需要重复和解释某些概念、词或词组。

例：Now people are going to worry more about inflation, crime and interest rates, and less about keeping up with the neighbors in cars, dressing and houses.

译文 1：现在人们更多的是担心通货膨胀、犯罪和利率，更少的是担心自己的汽车、衣着和住房能否与邻居家的媲美。

译文 2：现在人们更多的是担心通货膨胀、犯罪和利率，而对于自己的汽车、衣着和住房能否与邻居家的媲美，这一担心则越来越少。

三、营销英语篇章的特点与翻译

（一）营销英语篇章的特点

1.时间发展模式

以 "The Origins of Marketing" 这一章节为例，它是以营销的发展时间为顺序，介绍了营销英语发展的三大重要阶段：production era，sales era 和 marketing company era，给人以清晰、完整的概念。

The origins of marketing can be traced to people's earliest use of the exchange process: barter, that is, trading one source for another, for example...

During the later 1800s, the Industrial Revolution marked the beginning of the modern system of marketing. Until that time, exchanges were limited because people did not have surplus items to trade. With the onset of mass production...

During the initial stages of the Industrial Revolution, output was limited and marketing was devoted to the physical distribution of products. Because demand was high and competition was low... This was known as the production era of marketing.

Once a company was able to maximize its production capabilities, it hired a sales force to sell its inventory...This was known as the sales era of marketing.

Over the past forty years, the central role of marketing has been organized by many firms, and the marketing department has become the equal of others in the company...This is known as the marketing company era.

2.解析模式

解析模式是指将一个主体分成几个要素进行详细的分析或评核。

从狭义上讲，篇章即段落，段落不是一连串句子的简单组合，而是一个语义的整体，因而句子与句子之间有着内在的语义关系。相对来说，英语在语法上较严谨，重形合，句子之间或段落之间通常使用一定的功能词或某些特定的关系语连接。如 and，but，although，if，furthermore，therefore 等。而汉语重意合，句子之间或段落之间的连接依靠语境的支持，很少使用功能词。汉语与英语在语篇结构上的另一大区别是汉语强调主题，常省略主语，而英语则恰恰相反，在篇章结构上突出主语。营销英语在这一点上表现得比较明显。

（二）营销英语篇章的翻译

任何语言都有其内在规律，而不同的语言规律又决定了不同的语言形式，译文要想正确地传递原文的意图，必须严格遵循译文的语言形式，并选用和译文语言形式相一致的修辞格。篇章讲究三大要素：中心思想、连贯性、一致性，在翻译的过程中必须以此为基础，有重点、有取舍地表达原文作者的思想意图和写作风格。具体地说，篇章翻译必须忠实于原文，但在很大程度上又不能拘泥于原文，因此常使用直译、意译相结合的方法，称为直、意译互动原则，综合上述营销英语的篇章特点，不难看出，营销英语的篇章翻译也必须遵循这一原则。

例：Target marketers believe that the customer should be the focus of all business and marketing activity. These marketers hope to develop unique marketing strategies by finding unsatisfied customers and offering them more attractive marketing mixes. They want to work in less competitive markets with more inelastic demand curves. Finding these attractive opportunities takes real knowledge of what potential customers want. This means finding those market dimensions that make a difference in terms of population, income, needs, attitudes, and buying behavior.

译文：关注目标的营销人员认为他们所有的营销活动的中心应当是顾客。他们通过寻找对其产品不满意的客户，然后向他们提供更具有吸引力的营销方式来制定一些与众不同的营销策略。他们希望需求平衡、竞争减弱，这需要真正了解潜在客户的需求。这意味着营销人员要真正了解一些能够为其营销带来根本改变的方方面面——收入、需求、态度以及客户的购买行为等。

这段文字中的中心话题是 the customer should be the focus of all business and marketing activity，而要达到这一目的的行为者是 target marketers，因此在翻译的过程中应以中心话题为主线，始终突出这一主题，同时注重整段译文中行为主语的一致性。

另外，文中除了大部分表达采用直译法，一些专业术语如 target marketers，inelastic demand curves 等，根据上下文的需要、文化语境的要求又必须采用意译法加以处理。

由此可见，在汉译的过程中，不仅要把握原文的语体特征，同时又不可忽视语境因素。语境是翻译的基础，翻译取决于翻译语境。营销英语作为一种特殊的语体，既具有与其他专门用途英语相同的语境特点，又具有自身独特的特点，因而其翻译既受一般翻译语境因素的制约，又受营销英语体裁本身所具有的特殊语境因素的制约。

第三节 影视语言的特点与翻译

影视剧不同于其他体裁的作品，它往往是作者根据文学作品或自身的社会经历、文化背景等进行的创作，包含了丰富的异域语言、文化、社会、历史等信息。英文影视剧翻译并不局限于某种语言操作或语言活动，而是一种以语言为中介的双语互动或文化互动现象的翻译。影视剧翻译既要真实反映作品内容和风格，同时还要为目的语观众所接受。本节在此基础上，根据功能对等理论，结合中英文影视剧的特点，探讨影视语言的基本翻译策略。

一、英汉影视语言的特点

近年来，不断扩大的对外交流促进了大量外国影视作品进入中国市场，因此对外语片字幕翻译的需求也日益增加。影视字幕语言有通俗易懂、口语性和跨文化等特点。如何翻译才能体现这些特点，并让观众尽可能欣赏到影片原汁原味的文化内涵呢？本节将探讨影视语言的特点和翻译方法。

（一）口语性

"信、达、雅"是传统的翻译准则，现在一般理解为"忠实、通顺"。影视翻译自然不能脱离这一原则。如何实现"忠实、通顺"，值得研究，但仅从"通顺"的要求来看未免过于笼统。影视片中人物对白的翻译不是供读者去慢慢阅读品味的，而是让观众在观赏的瞬间理解接受。因此，仅仅达到文字上的"通顺""通达"是不够的，还必须贴近生活，朗朗上口，容易听懂。这样才能达到自然的翻译效果。影视作品是剧作者根据自己的社会生活经历或经验创作而成的，既来源于生活，又高于生活。因此，其语言对白贴近生活、朗朗上口，且包含较多的约定俗成的俚语、惯用语。通常的影视作品中，除了科普、科教、纪录等影视节目由于其特定的目的决定了其使用的语言带有阐述性质，显得比较正式和书面化，一般以剧情为主的影视剧都主要依靠人物角色间的互动来推动情节。最重要也最常用的互动手段就是对话。既然是对话，语句就绝不会太长、太复杂，以免使观众在欣赏过程中理解困难。也就是说，绝大部分影视剧使用的语言都是浅显易懂的日常口语。因此，字幕中常出现"Um，Yeah，Yup，Gosh，Damn it，Dude"等只在口语中使用的词；出现"So what，After you，Anything else，You owe me one"等短句和不完整的句子；并且大量出现"all wet，hot number，have a ball"之类的俚语。

（二）文化性

翻译是一种跨文化的交际活动，既是语言的交流，又是文化的交融。不同的语言反映不同民族的不同思维、行为及语言表达方式。例如，一些中英文词汇具有相对固定的独特的文化含义。因此，影视作品的翻译在文化传播中发挥着重要的桥梁作用。另外，由于影视语言中有很多习语和典故，它们承载着大量文化信息，是民族文化积淀的一种反映形式。如果单纯从字面理解则可能错误百出、贻笑大方，造成理解障碍。不同民族对同一种现象或事物采用不同的语言形式进行表达。例如，"东风"在英语中指刺骨的寒风，象征"寒冷""令人不愉快"，而汉语则相反。

（三）即时性

文学作品中的语言是印在纸上的，读者一遍没看懂还可以回头看第二遍、第三遍，直到读懂为止。而影视剧中的语言转瞬即逝，观众没有机会像阅读文学作品的语言那样可以回头看。影视作品的这一特点要求影视语言的翻译必须流畅通顺，通俗易懂，不能让观众在当下费尽心思思索片中的内涵。

二、影视语言的翻译方法

影视语言的特点决定了影视翻译的准则和方法和文学作品的翻译有很大不同。文学作品翻译的准则强调译文忠实于原文，最大限度地再现原文的精确内涵，这就意味着文学作品的翻译以直译为主。而影视语言的翻译主要有以下策略：

（一）口语化策略

在翻译过程中，我们应该做到既要吃透原意，又要恰当地运用中文表达出来。既然影视剧的英语对白以日常口语为主，那么在把它们译成中文时也必须考虑到这一特点。也就是说，尽量用中文的口语来表达。这样，观众在边看字幕边欣赏影视剧的同时才更容易理解剧情，才会有更强的代入感。

美剧 *One Tree Hill*（译名：《篮球兄弟》）第 4 季第 9 集中的两句话：

例 1：I'm having money problems, Dad.

分析：从字面上我们完全可以把该句译为："爸爸，我有金钱的问题。"但在现实生活中有谁会这样说呢？因此，不如译为："爸爸，我手头有点儿紧。"

例 2：You are not an investment I'm interested in.

分析：有人将该句译为："你不是我感兴趣的投资。"这样把每个词都译出来，好像没有什么问题。也有人译为："我没兴趣在你身上花钱。"比较这两个译文，高下立判。

例 3：You know that's not the point.

分析：这句话出自美剧 *South Park*（译名：《南方公园》）第 10 季第 7 集，有人译为"你知道那不是重点"，另有人译为"不要兜圈子"。哪一种更符合我们的语言习惯呢？从前面几个例子可以看出，虽然对于英文的理解译者都没有什么大的偏差，但第一种译文拘泥于字面义，读起来生硬拗口，而第二种译文更口语化，因而显得更贴近生活，更加生动。

（二）针对目标群因人而异策略

考虑到字幕本身只是一种辅助工具的服务性质，在翻译一部影视作品的字幕之前，字幕翻译者最好对自己作品的目标群有所了解，然后根据自己的服务对象确定合适的策略。

例如：美剧 *Medium*（译名：《鬼线人》或《灵媒缉凶》），剧中主人公 Alison Dubois 译为杜爱丽；另一部 *Supernatural*（译名：《邪恶力量》）中 Dean Winchester 被译为温狄恩。

（三）意译

所谓意译，就是只保持原文内容，不保持原文形式的翻译方法。译文的目标语（或目的语）与原文的语言（或始发语）在许多情况下并不使用同样的表达形式体现同样的内容，更谈不上产生同样的效果。这种情况下一般采取意译为好。有些电影中，西方民族的价值取向、审美心理、文化背景等和中国存在着诸多差异，如果把片名直译过来，很可能会失去原片名的本来意义，甚至产生歧义。在这种情况下，可以采用意译法，重点在翻译允许的最大范围内让观众知晓电影的主题和风格，吸引观众。

如爱情经典之作 *Waterloo Bridge*，这部影片讲述了男女主人公荡气回肠的爱情故事，内容颇具传奇色彩，文艺气息浓厚，既有感叹造化弄人之意，也可作为那个时代道德观的忠实纪录，尤其是片中两次战争的前后呼应，使得这个爱情悲剧故事让观众感受到了反对战争，渴求和平的讯息。电影的主题曲《友谊地久天长》更是风靡了全世界，流传至今。倘若将片名直译为《滑铁卢桥》，这样的译名给观众的第一反应便是拿破仑滑铁卢战败的历史事件，与影片的内容和主题大相径庭，违背了电影的主题；而意译为《魂断蓝桥》，效果则大不相同。"魂断"提示观众片中男女主人公的爱情悲剧；"蓝"则暗合了片中男女主人公相识、相爱、分离在夜幕星空下的地点和氛围，且蓝色在英文中有"忧郁、忧伤"的含义，"蓝"的用法可谓恰到好处；"桥"在古往今来各种作品中，往往都是作为浪漫爱情发生的地点而出现，从古至今不断有动人的爱情故事在桥边发生，西湖的断桥、牛郎织女相会的鹊桥、徐志摩的"康桥"，无不如此。这样的译名中每一个字都可以引发观众无尽的联想，给观众留下极大的想象空间，这种翻译堪称经典。

The Wizard of Oz 由美国作家莱曼・弗兰克・鲍姆（Lyman Frank Baum）创作，是一部有"美国《西游记》"之称的奇幻冒险童话故事集，于 1939 年被拍成电影——《绿野仙踪》，"Oz"意为虚幻的、不可思议的仙境，故事讲述的是充满想象的神奇冒险经历。汉译电影名源自我国清乾隆年间李百川写的长篇小说《绿野仙踪》，这部小说以神仙异迹为主线，描绘了各色各样的奇异场景和故事。套用这个名字翻译可谓巧妙之极，贴切传神。我国著名翻译家贺祥麟老先生在讲座中谈到这部作品的汉译，赞叹不已，认为这个翻译堪称经典！

意译的成功例子还有很多，如经典爱情片 *Ghost* 译为《人鬼情未了》，第59届奥斯卡奖影片 *Top Gun* 译为《壮志凌云》，*Oliver Twist* 译为《雾都孤儿》，*Legend of the Fall* 译为《燃情岁月》等。

（四）缩减策略

正如前面提到过的，字幕具有时空受限性的特点，这就限制了同一时间出现的中文字数。以电视剧的格式为例，一般说来，每次出现的字幕最好一行，最多两行，每行不超过 16 个字符。如果超出这个标准，观众就可能因为信息量过大，无法在字幕停留时间内阅读完毕，从而影响对剧情的理解。

此外，字幕只是一种欣赏影视剧的辅助工具，绝不能占据观众的全部注意力。所以，字幕应该在不影响理解的前提下越简洁越好。这样，观众才能更加投入地欣赏影视剧。

鉴于此，在字幕翻译中多采用语言上的缩减策略，尽可能使句子简洁。比如美剧 *Ghost Whisperer*（译名：《鬼语者》）第 3 季第 4 集中的两句：

例 1：But you never did appreciate all of the things I did for you.

分析：这句话如果出现在字幕以外的情况下，我们把它译成："但是对于我为你所做的一切，你从来不知感激。"并无任何不妥，译文也符合中文的表达习惯。但如果放到字幕里，在短短一两秒钟的时间里，观众既要关注剧情，还要看这么长一句话，就显得有些仓促了。有经验的字幕翻译者便遵循缩减策略，把它简译成："但你却不知感激"。

例 2：But I guess that is wishful thinking, isn't it?

分析：这一句如果完全按照字面来翻译，应是："但是我猜那有点儿一厢情愿，对吧？"同样基于缩减策略，我们可以把它简化成："有点儿一厢情愿，对吧？"或许有人会认为后一种译法并没有把原文的全部意思表达出来，但这是字幕，字幕具有与图像和声音互补的性质。文字没有明确表达出来的东西，画面里人物的表情动作就足以弥补了。此外，中文中有大量的成语或习语，都言简意赅，它们也常被用在字幕翻译中。如风软字幕组对 *South Park*（译名：《南方公园》）第 10 季第 7 集的字幕翻译就是很好的例子：

Must be hard on you, knowing that the years are ticking away.

译文：真难为你了，明知岁月不饶人。

（五）扩译策略

翻译是不同地域、不同民族之间跨语言、跨文化的交际，以电影名为例，有些英文电影片名在翻译时需要增加一些词解释原名，以达到既忠实于原影片内容，又照顾目的语观众的习惯。这种在翻译时增加词的方法就是扩译。

如系列卡通电影 *Shrek*（译名：《怪物史莱克》），如果直接按照原文音译为"史莱克"，效果与扩译为"怪物史莱克"比较必然大打折扣。仅看"史莱克"，从字面上是无法判断史莱克究竟是什么，而"怪物"二字为译名平添了趣味和生动效果，突显了动画片的主题风格，也能激起观众的好奇心。又如浪漫的美国影片 *Chocolate*（译名：《浓情巧克力》），给简单的原文片名"巧克力"，添加了"浓情"二字，把影片中温馨的亲情、温暖的友情和热烈的爱情生动地做了概括，从片名译名就可以判断影片的大致主题和内容，取得了较好的效果。

（六）编译策略

奈达认为，翻译就是要使译文"最切近、最自然地"达到与原文等值，而功能等值就是要使译语读者在接收信息时产生与源语读者大致相同的感受。同样以电影名翻译为例，在英文电影片名的翻译中运用这一理论时，就不必简单追求片名形式上对应，而是译者在充分理解影片内容、主题、思想等的基础上，立足于观众的思考角度，用最切近、最自然的中文翻译片名，力求功能上等值。这种方法称作"编译"，是对直译和意译方法的补充。

编译与意译有很大区别，意译需要结合原片名翻译，且基本与原片名接近，而编译则完全脱离了原片名，在译名中看不到原片名的影子。

讲述奥地利作曲家约翰·施特劳斯（Johann Strauss Jr.）生平故事的音乐传记片 *The Great Waltz*（译名：《翠堤春晓》），原文的意思为"伟大的圆舞曲"，而编译名"翠堤春晓"影射了施特劳斯一生对爱情和圆舞曲创作的无比专注与激情，这样的上乘译作也充分体现了译者深厚的文学功底。

（七）注释策略

同样是帮助观众理解英语影视剧，字幕翻译比起单纯的配音有一个优点，那就是可以在不妨碍观众观剧的前提下添加注释。由于文化背景、风俗习惯不同，有时原文在中文中无法找到对等的表达。而且外国影视剧中常出现一些专有名词，台词中也常会提到本土的新闻事件或名人。如果只是把它们直译出来，对该国家不熟悉的观众可能会觉得不知所以、莫名其妙。在这种情况下，字幕翻译者就可以适当添加一些注释，帮助观众理解。

比如美国的热门医务剧 *ER*（译名：《仁心仁术》或《急诊室的故事》），*House*（译名：《豪斯医生》或《医神》）和 *Grey's Anatomy*（译名：《医人当自强》或《实习医生格蕾》）中有大量的医学名词；而偏重对犯罪现场进行证据搜查和处理的刑侦剧 *CSI*（译名：《犯罪现场调查》）三个系列中有大量与实验分析有关的化学名词；而法务剧 *Boston Legal*（译名：《律师风云》），*Shark*（译名：《律政狂鲨》），*Justice*（译名：《正义》）等中有大量与法律有关的词。在对这些剧的字幕的翻译过程中，译者可以有选择地添加注释。

而字幕里涉及的事件、人名，甚至是影视剧的名字，在有条件的情况下对其添加恰当的注释会帮助观众理解。

例如 *CSI：LV*（译名：《犯罪现场调查拉斯维加斯篇》或《灭罪鉴证科》）第 8 季第 4 集里有一句话：“Do I look like the ghost whisperer?”（你看我像鬼语者吗？）其实这里的 ghost whisperer（鬼语者）一词源自一部美国灵异电视剧，里面的女主角能与鬼魂交流。如果译者在译这句话时，在下面用括号加上一点解释，观众肯定能更好地理解这句台词的意思。

当然，这里所说的添加注释并不是说所有的专有名词都要解释，过多的注释会影响观众观剧，反倒适得其反。译者应当把握一个度，慎之又慎。

（八）双关语的翻译

众所周知，双关语是翻译中最难处理的。不少人甚至认为它们是不可译的。在影视翻译中，由于口型和即时性等因素的限制，双关语的翻译自然更加困难。因此，它们往往被“化”得无影无踪。尽管意义上的亏损是很难避免的，但是作为译者，我们还是应该尽量保持原文的味道。

双关语也是文字游戏的一种，但文字游戏不限于双关语。文字游戏的翻译也是极不容易的。

例如：在 *Growing Pains*（译名：《成长的烦恼》）中小 A 蛋本有一天放学回家对父亲贾森说的一段话：

Ben: Mrs. Zenko reamed me for being truculent.

Jason: Do you know what truculent means?

Ben: No, but it can't be good.

Jason: Ben, truculent means angry, ready to fight.

这段对白的关键在于 truculent 这个词。它比较难，本听不懂，因而成了笑料。但它却并不是双关语，因此这段对白是一种文字游戏。truculent 平时可以译为"凶猛"或"野蛮"，可是在这里必须译成比较深奥的汉语，这样本才会听不懂。因此可将其译成：

本：今天老师批评我"桀骜不驯"。（这里未将 Mrs. Zenko 译成"曾可太太"，因为汉语没有这样的表达习惯）

贾森：你知道那是什么意思吗？

本：不知道，反正不是好话。

贾森：本，就是说你很凶，爱打架。

（九）避免"英语式汉语"

由于中西方表达的差异，翻译时应尽量使译文符合日常汉语的表达习惯，消减文化隔阂对观众造成的理解障碍。以影片 *Brokeback Mountain*（译名：《断背山》）为例，埃尼斯的妻子让他给小阿尔玛擦鼻子，埃尼斯回答道："If I had three hands, I could." 直译成"要是我有三只手"不如译成"我简直腾不开手"。再如，埃尼斯害怕妻子说出杰克和他的关系，举起拳头威胁道："You do it and I'll make you eat the fucking floor." 译为"你敢喊，我就让你嘴啃地板"，会让人感觉很生硬。如改译为"你敢喊，我就揍翻你"，则既简洁，又符合汉语的口语表达习惯。

事实上，影视剧不仅是一种文化载体，也是文化的一部分。无论是作为一种艺术形式，还是作为一种文化载体，影视作品都反映了特定的时代、民族、地域的社会文化，表现了其特有的文化价值观念。因此，译者不仅要通过影视翻译传达原作包含的信息，而且还要让观众了解这些信息所承载的文化信息。

综上所述，英文影视剧的字幕翻译并非人们想象的那么简单。由于字幕本身具有的特点，加上语言涉及的社会、文化等背景知识，要翻译英文字幕就必须采取一定的策略。目前学术界对字幕翻译的研究还不够重视。但随着中西文化交流的进一步加强，字幕翻译的适用范围将越来越大。

第四节　广告语言的特点与翻译

一、广告英语的语言特点

（一）广告英语的词汇特点

词汇是语言的直接表现形式，独具匠心地选择恰当的用词能够增强广告的表达效果。由于广告英语的遣词造句是围绕"用语言打动消费者，说服消费者并最终激发起其购买欲"这一目的进行的，故具有较强的鼓动性和感染力，大有"语不惊人死不休"之势。总体来说，广告英语具有如下词汇特色。

1.喜用褒义色彩浓厚的评价性形容词

广告语言要求形象、生动，因此必须使用大量的修饰词。形容词是指称事物属性或特征的词类，对名词起描绘作用，并且能够灵活地充当主语补语和宾语补语，极尽美化和润饰之能事。因此，英语广告经常大量使用褒义色彩浓厚的评价性形容词。大量使用形容词，尤其是使用描绘性和限定性形容词，是广告英语的一大特点。广告英语中使用的形容词举不胜举，但可以发现一些经常使用的形容词。英国语言学家利奇（Geoffrey N. Leech）在 *English in Advertising* 中列出一些出现频率较高的形容词：new, crisp, good, better, best, fine, free, big, fresh, great, delicious, real, full, sure, easy, bright, clean, extra safe, special, rich。这类形容词的使用，使广告传播的信息在读者或听众心中树立了美好的形象，从而达到促销的目的。广告中也使用描述品质的形容词介绍商品的性能，如 first，new，great，special，ideal，natural 等都是广告英语中常用的形容词。为了吸引公众的注意力，广告普遍都夸大产品的性能和功效，使用形容词的比较级和最高级强调其产品的高品质。广告法规定，广告商不能直接贬低别人的产品抬高自己的商品，所以广告商在推销自己的商品时不能使用明显的贬义词来贬低其他产品。因此，制作者通常采取比较级或最高级的形式赢得消费者的青睐。例如：

（1）Slim, Stylish, Silver. 银色外壳，轻便美观。（扫描仪广告）

（2）Free Hotel! Free Meal! Free transfer! For a Free "Stay-or-the-way" in Amsterdam, you can rely on KIM.

这则 Royal Dutch Airlines（荷兰皇家航空公司）的广告中连用几个 Free 突出荷兰皇家航空公司提供的周到服务。

（3）Significant moments.（欧米茄手表广告）

"moments"一词暗示了该广告是钟表方面的，再用"significant"一词修饰，说明欧米茄表对顾客非常重要，帮助顾客记下生命中的重要时刻。

2.喜用简短动词

广告英语能做到简洁生动、内容一目了然的另一个原因就是经常使用一些单音节动词和字母较少的动词。如 have，get，buy，use 等。利奇在 *English in Advertising* 中总结了一些常用的动词：make，get，give，have，see，buy，come，go，know，keep，look，need，like，love，use，feel，take，start，taste，help，meet，save，bring，last 和 choose。英语广告中这类简短动词是人们日常生活中使用率最高、意义最明确的动词，虽然它们本身的含义各不相同，但都可以用来表示广告或广告商与消费者之间的关系。如 have，get，give，buy，keep 等主要表示消费者对某些商品取得和拥有；see，take，taste，use 等则表示消费者使用某些商品的动作和过程；like，love，satisfy 等表示消费者对某些商品的喜爱程度。例如：

（1）Ask for more. 渴望无限。（百事可乐）

（2）Feel the new space. 感受新境界。（三星电子）

（3）Let's make things better. 让我们做得更好。（飞利浦电子）

3.活用代词

（1）巧用不定代词

广告英语中经常使用一些表示全体范畴意义的不定代词，如 all，every，everyone，everything，anyone，anything，none，nothing 等。例如：

①Arthritis Pains? All you need is Bayer Aspirin.

这是 Bayer 公司生产的止痛药阿司匹林的广告，用 all 一词给人以一种完全肯定的感觉。

②Nothing acts faster than Anadin.

Anadin 是一种快速止痛药。nothing 一词否定了其他止痛药产生疗效的速度。

（2）巧用人称代词

在广告英语中人称代词频繁出现，给人以十分亲切的感觉。第一人称代词用来代表广告商（advertiser），第二人称代词代表消费者（consumer），第三人称代词代表产品本身。例如：

①We lead, others copy. 我们领先，他人仿效。（理光复印机）

②We integrate, you communicate. 我们集大成，您超越自我。（三菱电工）

③Make yourself heard. 理解就是沟通。（爱立信）

4.多用复合词

复合词的构词成分可以是任何词类，由连字符连接的各类复合词，言简意赅，而且组合方式不受英语句法词序排列上的限制，比较灵活。在广告英语中，复合词几乎随处可见，成为广告英语中一大语言特色。

5.巧造新词

临时生造广告词已成为现代英语广告中愈来愈流行的一种措辞形式。例如：

（1）We Know Eggsactly How to Sell Eggs.（鸡蛋广告，Eggsactly—Exactly）

（2）Come to Our Fruice.（果汁广告，Fruice—Fruit Juice）

（3）I'm lovin it.（麦当劳广告词，lovin it—love it in heart）

从心理学角度来看，生造新词可以使消费者不知不觉地联想到产品的独创性。按照英语的构词规律，造一个独创而易为读者理解的词或短语，可有效地增强广告的新奇和生动感。

（二）广告英语的句法特色

1.偏爱简单句

广告是面向大众的，因而要求句子简洁精练，能够引起人们的兴趣和注意力，复杂冗长的句子往往会使人厌烦，以致消减了广告的效果。例如：

（1）Coke adds life.（可口可乐）

（2）It's All inside.（JC Penny）

（3）Take Toshiba, take the world.（东芝）

（4）It's your life. It's your store.（Acme 超市）

2.喜用祈使句

不同的句式会产生不同的效果，注重句式的变化也是广告策划者经常使用的一种语言技巧。祈使句本身含有请求、命令、劝告、号召人们做某事的意义。广告的最终目的是说服或驱使人们接受某种观点，采取某种行动，或购买某种商品，因而广告英语中大量使用祈使句。使用祈使句，能够达到敦促人们去购买某种商品的效果。例如：

（1）Make this Sunday a fun day.（旅游公司广告）

（2）Imagine your child in a work of art.（照相机广告）

（3）Buy one pair. Get one free.（太阳眼镜广告）

（4）Come to where the flavor is.（食品广告）

（5）So if you want to buy time, buy some of ours.（钟表广告）

3.常用疑问句

疑问句在英语广告中颇受青睐，使用频率较高。有人曾做过统计，每30句广告语中就会出现一个疑问句。因为疑问句易于激起人们的反应，唤起人们对产品的兴趣和好奇心，从而留下深刻的印象，产生购买欲。例如：

（1）Are you going grey too early?（乌发乳广告）

（2）How to get 100 watts of light for only 44 watts of electricity?（家用电器）

（3）Why not let the world's largest estate sales organization help you?（介绍房地产销售商）

疑问句因其语法功能，在广告英语中通常被用来向消费者提出问题。当问题提出后，消费者会很自然地进行考虑。因此，广告英语中的疑问句既能引起消费者的好奇心，同时又能吸引其注意力。例如：

（1）What makes the finest tasting coffee in the world? The roaster's art.（咖啡广告）

（2）Dinner? Done.（比萨广告）

以上这些例子都含有疑问句，均由两部分构成：问题与回答。一方面向消费者提出问题，吸引其注意力；另一方面给消费者提供答案，使其得到信息。

4.多用省略句

广告需要在有限的时间、空间内达到最佳的宣传效果。运用省略句是最有效的办法之一。省略句是广告英语中具有代表性的一个句型，其语言凝练紧凑，不仅可以节省大量的广告篇幅，而且可以传播较多的信息。另外，省略一些无关紧要的成分，可以使广告中的关键词得以强调和突出。因此，广告英语中大量运用省略句，使句子简洁明了，但仍然包含大量信息。广告英语中的省略句可以省略主语、谓语、宾语或其他成分。省略句结构简单，语言果断、有力、自然，使广告以有限的篇幅传达更多的信息，增强广告的传播效果。例如：

（1）Safe, Easy, Quick & with Fun!（家用食品加工器广告）

（2）Safe and Warm — The revolutionary new self-heating mattress pad.（电热毯广告）

（3）Make it a mild smoke, Mild Seven Smooth, rich, rewarding.（Mild Seven 牌香烟）

（4）More than a time piece. An acquisition.（手表广告）

以上广告很好地使用了省略句，具有鲜明、紧凑、易记的效果。

二、广告的基本翻译方法

为使广告译文符合译语习惯，易于为读者接受，翻译时除处理好翻译对等问题外，还要注意翻译技巧和方法。常见的翻译方法有以下几种。

（一）直译法

所谓直译，即在不违背译语语言规范，不引起错误联想的前提下，在译文中既保留原文内容又保留原文形式，尤其是保持原文修辞、形象和民族地方色彩等。例如：

（1）Challenge the Limits. 挑战极限。（三星）

（2）Winning the hearts of the world. 赢取天下心。（法国航空公司）

（3）Where there is chip, there is hope. 哪里有"芯"，哪里就有"希望"。

（4）The Relentless Pursuit of Perfection. 专注完美，近乎苛求。（雷克萨斯汽车）

（二）意译法

意译法，即改变原文的修辞特点或基本句式，不改变意义的译法。英汉两种语言都有各自的词汇、句法结构和表达方式，当原文与译文的表达方式不同时，可以不拘泥于原文的形式，采用意译法，反而能传神达意。例如：

（1）The Color of success! 让你的业务充满色彩！（Minolta 打印机）

（2）Whatever makes you happy. 为您设想周全，让您称心如意。（Credit Suisse 瑞士信贷）

（3）Can't Beat the Real Thing. 挡不住的诱惑。（可口可乐）

（4）FedEx: We live to deliver. 联邦快递，诚信为本。（联邦快递）

第 4 条为联邦快递的广告语，在这则广告中，动词 deliver 有两层意思：一是字面上的"递送"之意，二是暗含的"承诺"（commitment）之意；live to 是

"身体力行"的意思。结合该公司的业务范畴，所以意译为"联邦快递，诚信为本"，更能达到广告的效果。

（三）音译法

许多新词引入时，由于其表达的概念在汉语中尚无对应物，更无对应词，人们往往采用音译法将其译出。音译包括直接音译法，如 laser（镭射），aspirin（阿司匹林），Sony（索尼）等，谐音取意法和择字谐音取意法。译者们往往选用中国具有"美好"之义的字词，并不拘泥于音译的精确，为许多外国商品（或合资企业产品）打造了响亮且动听的品牌名。如 Coca-Cola 译为"可口可乐"（可口饮料——美在口中、乐在心中），Atarax 译为"安泰乐"（安神药——安神静气、泰然自若、其乐无穷）。音译法的特点是简易、好听且具有异国情调。

（四）增补法

增补是在原文基础上适当添加词汇，从而取得更好的广告效果。一般说来，英译汉更容易采用增补的方法，因为汉语的广告词可以更长一些，而且更多的时候是为了前后对照。例如：

（1）Start ahead. 成功之路，从头开始。（飘柔）

（2）Past, Present, Future. 从过去到现在，一直到永远。（航空业广告）

（五）缩译法

缩译法主要用于广告原文比较复杂的情况。对复杂的广告语进行缩译，可以使广告的译文更加朗朗上口，更好地吸引客户，尤其是中文广告词比较长的时候，可以采用这一策略。例如：

Wherever you are. Whatever you do. The Allianz Group is always on your side. 安联集团，永远站在你身边。

综上所述，广告翻译基本可以根据不同的情况采取直译、意译、音译、增补或缩译当中的某一个或某一些翻译策略，但是，具体情况还要和前文讲过的中英文广告语的文体特点相结合，使广告语的翻译真正符合该文体的翻译目的，从而更好地为产品在目的语市场上的推介服务。

第五节　外贸语言的特点与翻译

一、外贸英语的语言特点

作为专业英语，外贸英语在词汇意义、语法形式和语体特征等方面具有自身的特点。

（一）外贸英语词汇的特点

外贸英语词汇具有其独特的行业特点，因而在词汇的选择和使用方面明显区别于普通英语。总的来说，外贸英语的词汇具有以下特点：

1.专业术语多

外贸英语中的词汇可以分为三类：普通词汇、专业词汇和半专业词汇。普通词汇出现在各个领域当中，可以在不同类型的文章中替换。但是外贸英语涉及经济、贸易、证券、营销、金融、投资、运输和保险等领域，因而会大量使用专业词汇，其语义精确，表意范围狭窄。有些专业词汇是独立的单词，而有些则是由几个普通的英语词汇构成的短语或词组，如 foreign exchange 外汇，Dow Jones Industrial Average 道琼斯工业平均指数，dividend 股息，bulk sales 整批销售，distribution channels 销售渠道，liner transport 班轮运输，insurance policy

保险单等。外贸翻译者需要广泛涉猎相关专业知识并掌握一定的专业词汇，这样才能在实践中快速而准确地完成翻译工作。

2.缩略语多

外贸英语中有许多专业术语往往以缩略语的形式出现，其词义比较固定，表达简洁、明确。如 CIP（Carriage and Insurance Paid to，运费和保险费付至）、B/L（Bill of Lading，提货单）、D/P（Document against Payment，付款交单）等。这些缩略语往往用来明确一次交易中的交货方式、价格构成、费用承担以及风险责任的划分等，是交易双方合作的基础，因此要求译者熟知这些专业缩略词的全称及意义，准确无误地译出。

3.一般词汇具有专业内涵

虽然外贸英语使用大量的专业词汇，但使用更多的还是一般英语词汇。在不同语境下，有些一般英语词汇具有专业意义，因而也被称为半专业词汇。如在商品交易中，commission 表示"佣金"，而在金融业务中则表示"银行手续费"；award 在仲裁中表示"裁决"，而在招投标中表示"决标"；negotiation 在合同磋商中表示"谈判"，但在银行业务中表示"议付"；cover 一词，在日常使用中可以翻译为"封面""覆盖""涉及"等，但是在外贸环境中意义有所不同。

例 1：I think that all risk insurance should cover all principal risks.

译文：我认为一切风险保险应包括所有基本险别。

例 2：Let us have your remittances cover the amount of our claim.

译文：就用你方的汇款支付我方要求索赔的数额。

例 3：We are sorry to say we had to lodge a claim against you to cover our loss and hope you will take action immediately.

译文：我们抱歉地奉告，我方不得不向你方提出索赔以弥补我方损失，并希望你方能尽快落实。

从上述三例中可以看出，cover 一词在外贸环境中的意思不能一概而论，应根据语境，即上下文意思，才能确定其词义。

4.古体词和外来新词并存

古体词在现代英语中虽然不如以前那样应用广泛，但在外贸英语合同和英语单证中却仍较为常见，其主要是为了避免重复、误解和歧义，使行文准确、简洁。常见的古体词，如 hereinafter，hereunder，therein，whereas 等，就是由核心副词 here，there，where 加上一个或几个介词构成的。这些古体词的使用是外贸合同英语简明、精炼、准确表达信息的一种形式。以 here 为核心的古体词，强调本合同条款或最靠近的事物；以 there 为核心的古体词，一般指代较远的事物；以 where 为核心的古体词，一般起连接作用，语义功能由其后的介词决定。因此，在英译汉时，这些古体词一般不按字译，而只要在译文的字里行间体现其意义即可；但在汉译英时，却需要适当地加上古体字才能准确表达原意。

外贸英语作为一般英语的一种变体，在频繁的使用中自然不可避免地会有外来词引入和不断衍生新词。这些词的词义固定，并且具有很强的时代感，主要用以增强文本的正式意味。外贸英语中的新词大多都是随着社会进步和经济发展，由普通词汇派生而来。这些新词具有其专业特点和时代烙印，形象生动而且通俗易懂。

（二）外贸英语的语法特点

外贸英语虽然没有独立的语法结构，但其鲜明的行业特性使其语法特点与普通英语之间存在一定差异，主要体现在以下几个方面。

1.句式结构特点

无论是合同、协议、贸易单证，还是商业信函中的外贸英语，均以独立完整的句子为主。此类句子较长而且结构复杂，每句话都表达一个完整的意思，且句子之间很少有关联词；陈述句居多，偶尔使用疑问句和祈使句；时态上，多用一般现在时、一般将来时与一般过去时，偶尔也使用过去完成时与现在完成时，主要用于商业信函、洽谈合作的各项事宜中。具体来说，不同用途的外贸英语句式呈现不同的特点。

（1）外贸英语信函的句式特点

由于外贸信函涉及询盘、发盘、还盘和接受等环节，使得各环节的信函内容十分相似，也逐渐形成了固定的句型结构。

例1：We would like to assure you again that the goods we offer are of superb quality at a reasonable price.

分析：除了例1中的"We would like to…"句型，其他常见句型如"We would appreciate if you could…/We're looking forward to your early reply."等也都是外贸信函中的固定表达。

另外，在外贸英语信函中，短句的使用也十分常见。

例2：Your immediate confirmation of your offer is appreciated.

例3：Though the price is acceptable, the package needs improving.

可以看到，例2和例3句型短小简练，不但能准确表达来信者的意图，还能节省收信人的阅读时间，能够有效达成信函磋商促成交易的目的。

（2）外贸英语合同的句式特点

在频繁的外贸活动中，合同的修订已经形成固定的格式，其句式也具有了独有的特点。如外贸英语合同中条款众多，往往使用短语代替句子。

例1：Insurance: To be effected by buyers for 110% of full invoice value.

此外，合同英语中的句子往往遵循固定的表达顺序，将较长的定语置于名词之后以使整个句子保持平衡。

例2：We have taken out the cover in that sum of $1,800 for all the risks mentioned in your letter dated February 27th.

例2中take out的宾语cover有一长串修饰语后置，使得整个句子的表述避免了头重脚轻。

（3）外贸英语单据的句式特点

因外贸单证详细地罗列了交易双方的合作条款，包含的信息较多，为全面完整地表达相关信息，外贸英语单据（如海运提单、保险单和信用证等）中往往出现较多的长句。

例：We accept the quotation of insurance premium of 5% by the People's Insurance Company of China, and request you for arrangement to cover insurance WPA with you on the delivery of 500M/T fertilizer to New York, America.

例句的长句主干为"We accept the quotation of insurance premium and request you for arrangement to cover insurance WPA"，为了将所涉及的细节解释清楚，以免在执行保险条款时产生分歧，故通过添加定语和状语的方式将保险人、具体的保险费率、保险标的物以及货运目的地都在一句话中表达清楚了。

上述特征在某种程度上规定了外贸英语的句法框架，使得外贸英语最大程度上达到简明精确地表达，也在一定程度上形成了翻译的套语，减少了译者误译的机会。

2.多用被动语态

被动语态不需要指明主语，在表达意思方面比较客观，适用于外贸英语。如：

例 1：The undersigned hereby certify that the goods to be supplied are produced in Japan.

虽然外贸英语中名词化程度比较高，即使使用动词也多采用主动语态，但在需要避免个人主观色彩的场合或语境下，被动语态就成了最好的选择。如：

例 2：Inspection for quality and weight should be carried out before loading by the China Commodity Inspection Bureau and the certificates issued by them will be taken as final.

从例 2 中可以看出"inspection"和"should be carried out"体现了外贸英语的名词化和被动态特征，该被动语态的使用强调了买方对卖方出具检验证书的要求，弱化了行为主体。相比较，如果用主动语态的表达"China Commodity Inspection Bureau should carry out the inspection…"，则变成了强检验这一行为主体的责任，与单证条款的初衷不符。

3.词项重复

外贸英语中词项重复现象比较普遍，主要是为了避免歧义，达到准确无误的目的。这在协议、单证、合同等法律文件中尤其突出，表现在：第一，意义基本相同或者完全相同，表示强调；第二，具有包含关系，可以进一步说明自己的观点和立场；第三，避免重复。商业信函中为避免一些不必要的重复，代词的重复使用频率非常高。

4.修辞特点

外贸英语因专业性较强，所以时态运用有限，修辞手法较单调。与普通英语相比，外贸英语比较注重理性与逻辑性，少有夸张与想象。修辞手法一般采用比喻。

（三）外贸英语的语体特点

外贸英语采取的文体形式也多种多样，包括法律文体、商业信函、贸易单证、合同与协议等。这些文体在形式与结构上都不同于一般的文学写作，没有夸张、拟人、幽默、讽刺等修辞，更注重写作的实际需求。概括来说，外贸英语语体具有以下三方面特点。

1.用语正式、严谨

用语正式、严谨是外贸英语的一大基本特点。因为外贸活动涉及贸易双方的责任、权利、义务、风险等利害关系，而且备忘录、函电等文字材料又是各种贸易单证与合同合法有效的依据。

例：You are already aware of our terms of business, but to encourage you to lay in a stock of the new tubeless tyres; we will allow a special discount of 5 percent on any order received on or before March 31.

例句中卖方明确表示了自己的成交意向，并做出了对方一经接受即按该价格成交的承诺，可视为"实盘"。外贸实务中"实盘"一经接受就成了双方贸易合同的基础，对买卖双方都具有法律效力，因此语言必须正式且严谨，避免引起纠纷。

2.程式化

外贸英语文体中具有法律性质的文件（包括各种合同、协议和单证等）和商业信函的语言都具有程式化的特点。程式化的法律文件规律性强，多套语。例如：

China National Textiles Import & Export Corporation (Hereafter called Party A), Beijing, China and Mayflower Company Ltd (Hereafter called Party B), the United States, after friendly negotiation by authorized representatives of both parties, have entered into contract with terms and conditions as follows...

例句是一段非常程式化的合同用语，表明合同双方的身份及成交的意愿，是合同不可或缺的组成部分。

合同是对交易双方的权利和义务规定的具有法律效力的书面文件，也是商品和服务交换的语言体现，所以合同用语一般套用沿袭下来的固定表达方式。

3.语气客观，表述清晰

外贸英语以交流功能为主要目的，故而多用官方语言、技术语言和专业术语，表达时着重叙述客观事实，语句简洁、明了，叙述清晰。

二、外贸英语翻译技巧

外贸英语翻译技巧和方法是在大量翻译实践基础上，经过翻译学家和译员的反复推敲和考量总结出来的词句转换手法和翻译规律。词汇层次上的翻译方法包括词类转换（转译）、增译法、省略法、正反译等；语法层次上有语序的调整、拆译法和合译法等。不管运用哪一种翻译方法，都要注意中英双语表达习惯及文化内涵的差异。

（一）词义的选择

翻译的目标就是要传达文本意思，而词、句、段是构成整个文本的要素，词汇意义的构成往往左右着文本的意义，常常是翻译研究的中心问题。上文提及外贸英语中的普通词汇往往有一词多义的现象。在英汉或汉英翻译中，要正确理解源语的词汇意义，并在目标语中选择恰当的表达。

例 1：Under Article 12

译文：按照第十二条规定

例 2：Please look for required information under "advertisement columns".

译文：请在"广告栏"内寻找所需信息。

分析：在例 1 和例 2 中，介词"under"在不同搭配中意义不一样。很明显，词义的选择，即能否在恰当的位置选择合适的词义，是衡量翻译质量的一条重要准则。

掌握外贸英语中词汇的确切含义，除了依据专业词典的解释，还要注意语境，即上下文意思对关键词汇的影响。在翻译时有时要靠恰如其分地转义引申或综合思维推理。

例 3：The manufacturers are heavily committed for many months to come.

译文：生产商们今后多个月内的订单已满。

例 3 中的"commit"在《新英汉词典》里解释为动词，意为"犯（错误），干（坏事），把……提交给，使承担义务"等，而在该句中按照这些意思翻译都无法找到跟 commit 对应的宾语，因此上述词义都不宜采用。在冯祥春等编著的 1993 年版《外销员英语词汇手册》中"commit"一词有"（商业活动中的）订货"这一解释。很明显，在该例中将"are heavily committed"这一短语译为"订单已满"较为确切。

在汉译英时要特别注意同一汉语词汇在不同的业务范畴对应的英语表达的不同，如"提交仲裁"和"提交单据"就要分别译为"refer to arbitration"和"present documents"。

（二）词类转换

由于英语和汉语在表达习惯、句子结构和词的搭配关系上有各自的独特性，在翻译中往往难以做到词性和表现方式一致，因此逐词对译的方式是不可取的。在外贸英语翻译中，应该注意两种语言句子结构上不同的异质特征，再根据上下文进行转换，即转变语言的词性和表现方法，这样就能使译文贴切，达到最佳翻译效果。需要注意的是，英语呈静态，少用动词，常用名词和介词，如 at sight（见票即付），above quota（超过配额）等；而汉语呈动态，多用动词，也常用形容词和副词对相应的名词和动词进行修饰。因此，在英汉翻译时常出现动词和名词的转换，名词和形容词或副词的转换。

例 1：We should advise you to get in touch with them for your requirement.

译文：建议你方与他们取得联系，洽购所需商品。

分析：例 1 中英语介词"for"转换成中文动词"洽购"较恰当。

例 2：兹告你方中国五金产品属 ABC 公司经营范围，我方已将你方询价函件交其办理。

译文：We would like to inform you that hardware products fall within the scope of business activities of ABC Corporation, to which we have already forwarded your inquiry for attention.

分析：在例 2 中，原文的动词短语"交其办理"并没有译成"conduct""handle""deal with"之类的动词，而是使用了介词短语"for attention"表达动词含义，使译文语言通畅。

（三）增补法

在翻译原文的基础上，增添一些词和句子使译文更加符合目标语的语法和结构，使原文的意思更具体地表达出来且译文清楚明了。很多情况下，在翻译英译汉时，汉语部分需补充英语省略的部分。

例：Meantime the market kept growing, and the demand (kept) rising.

译文：在市场不断扩大的同时，需求也在不断增长。

例句前一部分出现了及物动词"kept"，后一部分就省略了"kept"，这是暗含的省略成分，需根据上下文意思加以补充，当然译者也可以依据汉语语法把及物动词"kept"译成副词"不断地"。

（四）省略法

所谓省略法，即在翻译过程中省略原文中某些词句，使译文更符合目标语的语言习惯，这些词语或是在译文中有相同的意义，又或是不符合译入语的表达习惯。如冠词在英语中使用极其普遍，而汉语没有这一词性；相反，英语中则没有量词。

例：Your communication of October 27 addressed to our head office has been passed on to us for attention and reply, as the products you required fall within the scope of our business activities.

译文：你方 10 月 27 日发给我们总公司的函已转交我公司办理，因为所询问的商品是我们经营的。

例句原文中"we"和"you"分别指代收信方和写信方，这是标准的代词省略，译文把原文中的"you"省略了，译文变得更通顺、简洁。

（五）正反译法

正反译法也叫正说和反说，具体来讲就是原文采用肯定的语气表述，而译文采用否定的语气表达；或者原文从反面表述，而译文却从正面描写。一般情况下，原文中具有否定意义的表达方式，翻译时要从反面表述，即正说反译法。

例 1：Consequently, business can be done and cheques can be written without any legal tender visibly changing hands.

译文：结果，大家可做生意、开支票，但看不到任何法定货币转手。

例句原文中"without"一词本来就有否定的含义，译文用反面表述，更确切、灵活。反说正译法正好相反。如：

例 2：No deposit will be refunded unless tickets produced.

译文：凭票退还押金。

例 2 的译文从反面强调了退还押金的条件，必须持有票据，没有其他途径，这种译法更直接、多变。

（六）语序的调整

语序的调整强调词语在句子中的组合和次序，虽然从语序上看英语与汉语主要句型的结构都很相似，但语言差别却很大，所以调整语序是很有必要的。在这两种语言中，定语的位置差别很大，如"a new international economic order"在翻译成汉语时，就将"新"和"国际"两个定语重新排序，译为"国际经济新秩序"，更符合汉语的表达习惯。

例：This is the least expensive goods suppliable now.

译文：这是能提供现货的价格最低的货物。

例句在汉译英时作后置定语的"suppliable now"要放在"least expensive"之前，这是后置定语前置的典型例子，这样译文才会通顺。

（七）拆译法与合译法

所谓拆译法，就是把原文中能表达一个完整意义的某个单词、短语或单句从原来的结构中分离，译成一个或两个句子，由于英语惯用长句而汉语则多用短句，所以在汉译英时拆分句子很常见。如：

例 1：The product got mixed attention.

译文：该产品得到社会关注，不过好坏不一。

分析：例 1 是典型的单词拆移，"mixed"在句子中有两个意思，如不拆分会使句子非常拗口、晦涩难懂，拆分之后既符合汉语的表达习惯，又更清楚地表达出原文意思。

合译法是指把不同的句子成分组合在一起，或将两个或两个以上的词合译成一个词，又或将两个或两个以上的句子合译成一个句子。如：

例 2：A draft is an order to pay. It is made out by an exporter and presented to the importer, usually through a bank.

译文：汇票是索款的票据，由出口商开出，一般通过银行出示给出口商。

分析：例 2 的原文是由一个简单句和一个复合句组成，合译时首先把这两个句子合并在一起，复合句中的从句又合并在一起，这样中文译文显得清楚、简练，符合中文的表达习惯。

参 考 文 献

[1] 安小可. 跨文化交际[M]. 重庆：重庆大学出版社，2019.

[2] 曾利娟，麻哲，张留斗. 文化差异与跨文化交际[M]. 北京：中国铁道出版社，2019.

[3] 郭晶晶. 跨文化交际与英语教学的融合研究[M]. 北京：北京工业大学出版社，2019.

[4] 郭文琦. 基于跨文化交际视角下英语翻译技巧与方法研究[M]. 北京：北京工业大学出版社，2019.

[5] 胡蝶. 跨文化交际下的英汉翻译研究[M]. 长春：东北师范大学出版社，2018.

[6] 黄净. 跨文化交际与翻译技能[M]. 天津：天津大学出版社，2019.

[7] 孔祥娜，李云仙. 英语翻译方法与技巧演练[M]. 长春：吉林美术出版社，2018.

[8] 刘涵. 英语人才跨文化交际能力研究[M]. 北京：知识产权出版社，2019.

[9] 卢璨璨. 英语翻译教学方法理论研究[M]. 天津：天津人民出版社，2019.

[10] 莫莉莉. 英语话语分析[M]. 长春：吉林人民出版社，2005.

[11] 任永进，贺志涛. 跨文化交际背景下的中西文化比较研究[M]. 北京：中国大地出版社，2019.

[12] 阮国艳. 跨文化交际英语教学与研究[M]. 北京：中国纺织出版社，2020.

[13] 隋虹. 跨文化交际理论与实践[M]. 武汉：武汉大学出版社，2018.

[14] 孙静波，贾颖，杨润芬等. 任务型跨文化交际[M]. 北京：知识产权出版社，2018.

[15] 谭焕新. 跨文化交际与英汉翻译策略研究[M]. 北京：中国商业出版社，

2018.

[16] 王国华.英语思维与跨文化交际能力研究[M].北京：北京日报出版社，2019.

[17] 王静.跨文化视角下的英语翻译理论与实践探究[M].长春：吉林人民出版社，2018.

[18] 许丽云，刘枫，尚利明.大学英语教学的跨文化交际视角研究与创新发展[M].北京：中国商务出版社，2020.

[19] 于瑶.现代商务英语的跨文化交际与应用[M].长春：吉林大学出版社，2018.

[20] 张健坤.跨文化交际英语教学与研究[M].北京：冶金工业出版社，2019.

[21] 张威，张晓辉，王中伟.跨文化交际视角[M].西安：西安交通大学出版社，2018.

[22] 张烨，张园园.基于跨文化交际的复合型英语翻译人才培养研究[M].北京：中国书籍出版社，2019.

[23] 郑春华.跨文化交际与英语文化教学[M].北京：国家行政学院出版社，2018.